New Life

28

New Life

28

與上天心智合一
赫米斯
密封之術

The Corpus Hermeticum

赫米斯・崔斯莫吉斯堤斯（Hermes Trismegistus）/ 著
張家瑞 / 譯

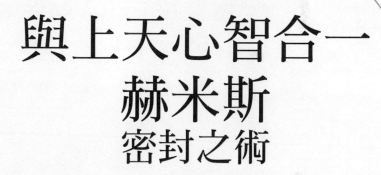

New Life 28 與上天心智合一・赫米斯密封之術

原著書名 The Corpus Hermeticum
作　　者 赫米斯・崔斯莫吉斯堤斯（Hermes Trismegistus）
譯　　者 張家瑞
書封設計 林淑慧
特約美編 李緹瀅
文　　編 王舒儀
主　　編 高煜婷
總 編 輯 林許文二

出　　版 柿子文化事業有限公司
地　　址 11677臺北市羅斯福路五段158號2樓
業務專線 （02）89314903#15
讀者專線 （02）89314903#9
傳　　真 （02）29319207
郵撥帳號 19822651柿子文化事業有限公司
投稿信箱 editor@persimmonbooks.com.tw
服務信箱 service@persimmonbooks.com.tw

業務行政 鄭淑娟、陳顯中

立即購書
專　　線（02）89314903#15
Line ID 80306073
E-Mail service@persimmonbooks.com.tw

初版一刷 2023年04月
　　二刷 2023年04月
定　　價 新臺幣440元
I S B N 978-626-7198-42-1

國家圖書館出版品預行編目(CIP)資料

與上天心智合一・赫米斯密封之術／赫米斯・崔斯莫吉斯堤斯（Hermes Trismegistus）著；張家瑞譯. -- 初版. --
臺北市：柿子文化事業有限公司，2023.04
面；　公分. --（New Life；28）
譯自：The Corpus Hermeticum
ISBN 978-626-7198-42-1（平裝）

1.CST:神祕主義 2.CST:神祕論 3.CST:哲學

143.65　　112004480

專家推薦

赫米斯的祕傳精神

——丹德萊恩，一個台灣巫師的影子書

赫米斯主義（Hermetism），這是個聽起來既陌生又遙遠的名詞，但其實它是匯集成如今的西方神祕哲學的數脈暗流的其中一條支流，它孕育自異文明相互影響交流、產生特殊質變的那個古老年代，當時的先哲們或冥思、或感悟，他們意欲透過自身的生命與心靈，來瞭解在自己的世界之中正在發生著什麼事態、來探觸這個宇宙背後的奧祕、來感受那些超出自身存在的巨大平衡——某種力量、律則或意志。

在那個百花齊放的年代裡，出現了許多的精神傳承，除了赫米斯主義之外，還出現了諾斯底主義、早期的基督教、新柏拉圖主義，它們都以各自的角度，來試圖窺視那潛藏在世局背後的巨大意志的其中一個側面。

而赫米斯主義的獨特之處在於它誕生於文化的融匯之處，也因此這個傳承，具有某種柔韌綿長且具彈性的精神特質，赫米斯主義並不受限於傳承與派系的規則與思維。

誠如，該派系的名稱借用了古希臘神名——赫米斯（Hermes）那般，赫米斯的神性本就是邊界之神、信息之神與調解之神，祂一直是某種中介與橋接的角色，而這樣的神性也反映在赫米斯主義之上，教義的內涵與儀式的實踐，它們最終都只是幫助你探觸到你自身的神聖經驗的一種媒介，也因此，赫米斯派的精神即便不是以我們所熟悉且相近的形式呈現，但仍然透過各種形變與轉化，在每一種精神傳承之中發揮著它的影響力。

這樣的影響力也就是某種「祕傳的（hermetic）精神」，這樣的祕傳精神旨在：透過某種直觀與靈知啟發人自身的宗教心靈經驗，進而探觸自身真實不朽的神聖本源；而關於這脈赫米斯主義的祕傳精神的陳述中，最為重要的典籍，便是本書——《與上天心智合一：赫米斯密封之術》，例如在本書「如何擁有上天心智？」以及「成為與神同在的人」段落中，便提及了相關的修持引導工作、也勾勒起那個年代的神祕學世界觀。

在過程之中，人必須漸漸穿過月亮、水星、金星、太陽、火星、木星、土星的影響力，這些影響力在此處被以負面的效應來呈現，頗有諾斯底思想的行星執政官的特徵，若我們迷失在物質層面的激情與欲望之中，終日為其勞碌競逐，將會忘卻自身神聖的起源。

同時它也揭示出了早期思想中，對於人類意識認知的一種模型結構，也就是人所認知的現實，其實是一種複合且重疊的現象，最後它們彼此交疊編織，才形成我們所知所見的這個世界，而其中每一顆行星所帶來的影響力，將會讓我們的意識聚焦於特定的方向去認知，也因此形成了不同的思想、信念、情緒、傾向，但如果在極端或偏激的狀態下，我們將陷入了無限輪迴的迴圈。

這樣的思想讓我想起，古代中國的修練也是基於類似的觀念在運作的，例如在《黃帝陰符經》之中也提及「天有五賊，見之者昌」——天上有金星、木星、水星、火星、土星五顆行星，其生剋制化的規律形成了世界的現象，也形塑出我們的命運，使我們在其五種感官與欲望的迴圈之中蒙受戕害與耗損，而唯有我們真正洞見其對於我們的傷害，進而自我修持，才能夠反過來善用它們，進而得到解脫與昌盛。

而這樣的修練過程，在赫米斯主義之中，則以一系列宗教哲學的道德訓誡，來引導我們觀見那隱藏在自身物質生命深處——那永恆不朽的部分、更深層的真實，在這樣的過程中，我們的靈知與直觀力將逐漸展現出來，從而以不同的眼界與層次來重構原先對現實的認知。

透過與深層真實產生綿長的互動與聯繫，我們將越發積極的以自身的意志參與生命的開展，不再只是受其物質性所牽制而反射性的片面運行著，進而催發生命中一系列死而復生的神祕經驗，這樣的經驗將療癒生命的病厄、撫平生命的傷痕、使不完全者趨近完全、讓精神與物質成為一體的兩面，為這個世界帶來創造力與生命力。這個歷程，就是赫米蒂卡藝術（The Hermetic art），也就是密封之術、鍊金術。

當然，盡信書不如無書，佈道有那個年代的價值觀與認知，無法「原封不動照搬」，例如在「什麼是上天？」的章節之中，有提及「無子嗣者將會受到懲罰與詛咒」，如果我們只是照字面上去詮釋，以現今社會的角度來說，這是非常不合理的說法，畢竟每個家庭都有自己的考量，有些情況甚至是因為不孕症而無法生育，並不能一概而論。

因此，我們必須結合前後文，然後以自身的理解來做出詮釋，方能得出該段落所要表達的基本涵義為：「無私付出的精神、如同養育孩子那般不求回報的愛。」在人有限的生命之中，應當把握機會去體會與感觸那樣的大愛，那會幫助我們探觸到超出自身存在，更為完整全然、極具創造力與生命力的存有。

至於撰寫這本《與上天心智合一．赫米斯密封之術》的作者——赫米斯．崔斯莫吉斯堤斯，嚴格來說並不能算是一個人，這個名諱是屬於神的，它來自於希臘神赫米斯以及埃及神圖特（Thoth）的融合，這兩位神靈都是掌管著交流、溝通、學習、知識、智慧的神性：也因此，當時的鍊金術師在撰寫這一系列文章時，是托以神之名義在書寫，而自身則隱姓埋名退居幕後，成為神傳遞與書寫的媒介。

我們在許多地方都可以見到，祕傳書籍的作者是以神名的方式呈現，例如《太乙金華宗旨》的作者據說是純陽祖師呂洞賓，而關於這位傳奇神仙呂洞賓的許多著作與思想，絕大多數也是來自於後人的詮釋，甚至更有趣的是——以扶乩的形式來傳遞，而說來奇妙，祂也正是擅長鍊丹術與點石成金、乃至於內丹修鍊的神靈。也許赫米斯的祕傳精神，無論在東西方都以各自的形式，綻放出屬於祂的金色光華。

對神性意識的敞開與覺醒

——Angel 馮亭予，占星師、光的課程帶領者

初看「與上天心智合一．赫米斯密封之術」這個中文書名，眼睛一亮，在想是不是跟占星學水星有關的希臘神祇赫米斯，結果是神話人物赫米斯．崔斯莫吉斯堤斯，正是融合了水星神赫米斯和另一埃及神祇圖特的風格。

赫米斯哲學是西方神祕學二大源頭之一，《與上天心智合一．赫米斯密封之術》則是赫米斯哲學中很重要的文獻。

這本文集分成十五個篇章，第一章是赫米斯得到宇宙心智的啟發而獲得天啟，初次對話（如下）就揭示萬宗歸一的「一」的概念，對走入內在修行多年的我，馬上心有戚戚。

我問（赫米斯問）：你是誰？

他回答：我是牧人者，是萬能的上天心智，我知道你想要什麼，我時時刻刻與你同在。

藉由對話，描述宇宙創造時的景象，以及人類的本質和命運。上天（上天心智）創造了宇宙與萬物，其本質是善，善是廣闊無垠的，想了解它只有一個方法，那就是靈知——以我自己的理解，就是對神性意識的敞開與覺醒。

而書中也有關於星體的描述，宇宙靠著上天的意志而運行，有感官覺知的動物靠宇宙而生活，太陽把上天的善散播在宇宙當中。八大星球——恆星太陽，六顆行星（地球、水、金、火、木、土），還有地球的衛星（月亮）——環繞並仰賴太陽。

眾星球接受神靈的支配，而人類接受這些星星的支配；萬物、所有的神靈和星星，都在上天的掌握之中

文集中有許多對話充滿靈性智慧，非常發人省思，比如「令活在軀體內的東西運行的並不是軀體」、「一個人能夠領悟唯有心靈才能看到的光輝，善的光明便能使雙眼看得更清楚」等，也提到向上天虔誠祈禱，祂會將祂的光輝注入你的思想，心智會被提升。

文中也列出十二大項痛苦根源，而上天的力量會令這些痛苦淨化、遠離，這就是重生——不再從肉體的角度看事物，而以較高、神性的視野看待。

文集最後提到，與天道相關的知識排山倒海而降，其迅猛勢不可擋，對聽道者、傳道的老師而言皆是，非常對應正式走入覺知的水瓶新世代的靈性覺醒能量。如果你也被召喚，推薦這本書給你，上天的光輝一定也會注入給你。

具名推薦

鐘穎（愛智者），愛智者書窩版主；心理學作家

目錄

Part 3 魂魄與心智的祕密 150

延伸閱讀 247

簡介

《與上天心智合一．赫米斯密封之術》的十五篇短文，再加上《完美的佈道》（或又叫做「亞希彼斯」），是赫米斯傳統觀念的基礎文件，由幾位不知名的埃及作者大約在西元第三世紀末之前寫成，這些文件被認為是神話人物赫米斯．崔斯莫吉斯堤斯所寫、在歷史上曾被視為重大文獻的一部分。這位神話人物融合了希臘神祇赫米斯和埃及神祇圖特的風格。

這份文獻，源自於醞釀出新柏拉圖哲學、基督教義和通常被揉合在一起且統稱為「諾斯底主義」（靈知派）的一系列多元學說的同一個宗教與哲學發酵體：這個發酵體在柏拉圖思想對希臘化東方的古老傳統的衝擊上，有著根深蒂固的影響力。這些傳統之間存在著一些明顯的關聯和共通的主題而被連結起來——即使它們對於當時的主要問題都各持己見。

現在我們稱做「與上天心智合一．赫米斯密封之術」的專著，是在拜占庭帝國時期收集成單行本的，其中一冊倖存傳世，在十五世紀時輾轉流傳到羅倫佐．德麥地奇（Lorenzo de Medici）的部下手上。為了將《與上天心智合一．赫米斯密封之術》首次翻譯成拉丁文，佛羅倫斯藝術學院的領導者馬爾西里奧·費奇諾（Marsilio Ficino），被賦予翻譯柏拉圖對話式文學作品的任務。他的譯本在一四六三年付梓成書，並且在其後的一百五十年間重印了至少二十二次以上。本文集被分為好幾部分：

✡第一章〈波伊曼德里斯，牧人者〉是赫米斯·崔斯莫吉斯堤斯得到波伊曼德里斯——又稱做「牧人者」（即宇宙心智的展現）——的啟發而獲天啟。

✡其後八章（二到九章）的「總佈道」，是討論赫米斯哲學各種基本觀點的短篇對話或演說。

✡隨後的〈智慧之鑰〉（第十章）是總佈道的總結。

✡接著的是四篇短文——〈心歸赫米斯學說〉、〈一般心智〉、〈山間祕密佈道〉和〈赫米斯致亞希彼斯書信〉（第十一到十四章）——觸及赫米斯學說更神祕的層面。

✡此文集以〈亞希彼斯對阿蒙王的釋義〉（第十五章）做為結束，這一章又可以分成三部分長篇文章。

完美的佈道

《完美的佈道》又名「亞希彼斯」，本書並未收錄，它從有別於《赫米斯密封之術》的不同途徑傳入文藝復興時代。它在古時候被翻譯成拉丁文，一般認為是出自於古羅馬作家馬達烏拉的阿普列尤斯（Lucius Apuleius of Madaura）之手，他嚴肅中帶戲謔的傑作《金驢記》（Golden Ass），為羅馬時代的伊斯蘭信仰提供了一些殘存下來的最佳證據。希波的奧古斯丁（Augustine of Hippo）在其著作《上天之城》（City of God）中充分地引用了古拉丁譯文，那些在歐洲中世紀依然流通的文本，便一直維持到文藝復興時代。即使引文殘存於幾個古老的資料來源，但希臘原文版本已經失傳。

《完美的佈道》是古赫米斯哲學當中，比任何其他倖存作品都還要更綿長的一篇。《完美的佈道》所涵蓋的主題也出現於《與上天心智合一．赫米斯密封之術》之中，但是還觸及了其他幾項議題——

其中包含有關於諸神創造的神奇過程，以及赫米斯智慧式微和世界末日的長篇陰沉預言。

赫米斯文學作品的重要性

赫米斯文集的出現，就像在歐洲中世紀晚期的哲學體系間一顆精確瞄準的炸彈。教會神父們（為證實一項觀點從不羞赧於向異教資源學習）所引用的赫米斯文獻，將赫米斯．崔斯莫吉斯堤斯記錄成一個與摩西同時期的歷史人物。結果，借用了基督教經典和柏拉圖哲學的諸篇赫米斯短文，在文藝復興時代反而因此被當成早於這兩者並影響它們的《與上天心智合一．赫米斯密封之術》。赫米斯哲學被視為最早的智慧思想，被界定成「古埃及人的智慧」，這在〈出埃及記〉當中有所提及，也在《柏拉圖對話錄》中受到稱頌——例如〈蒂邁歐篇〉。因此，對於當時尋求破除亞里斯多德傳統學風對各大學的束縛的思想反叛者而言，這在他們手上是一項相當好用的利器。

它也為當時另一個主要的反對勢力——將「魔法重新建立為西方基督教世界裡在社會上普遍被接受的心靈途徑」的企圖——提供了最重要的武器之一。另一種也被認為是出自赫米斯．崔斯莫吉斯堤斯之手的文獻，包含了關於占星學、鍊金術和魔法方面的文章。

假若果真如文藝復興時代的學者所相信，赫米斯是寫了所有這些東西的歷史人物，而且，教會神父們在得到許可的情況下引用了他的哲學作品，同時，那些作品也能被證實通通保留了基督教教義的某些規範，那麼，具有魔力的赫米斯學說的全部架構，在基督教的文脈中便可以授予間接的正統性。

但當然，這是行不通的。起始於革命與反革命的激進西方基督教，將教義的屏障變得太冷酷無情，乃至於在十六世紀對人施以火刑，會被認為是實踐了十四世紀的虔誠的證據。

不過，這樣的企圖令赫米斯諸篇短文的語言和思想，在西方成了多數中世紀後魔法的核心。

翻譯

此處《與上天心智合一．赫米斯密封之術》的英文翻譯出自米德（G.R.S. Mead，一八六三～一九三三）之手，出書時原本是他的著作《三倍偉大的赫米斯》（Thrice Greatest Hermes，倫敦，一九〇六）的第三冊。海倫娜・貝托夫娜・布拉瓦斯基（Helena Petrovna Blavatsky）是神智學協會（Theosophical Society）的創辦人及策劃人，米德是與其關係密切的夥伴，而他大量的學術產出，即是在該協會的贊助下完成的。

可惜的是，赫米斯文獻的米德譯本，是直到相當近代才出現的最佳英文版本（它們在公眾領域仍是最好的，所以才會在這裡使用）。一六五〇年的伊弗拉德（Everard）譯本仍然可在市面上看到，它反映出它成書時期的學術狀況——那只是一種考訂，因為其中並沒有多少新的東西！

比米德版更新的華特・史考特（Walter Scott）譯本（儘管封面大肆宣揚是香巴拉的再版書，但作者並不是寫下名著《艾凡赫》的華特・史考特爵士），是本世紀前半葉新批評學的產品，嚴重地曲解了文義；研究赫米斯學說、屬於英國史學家丹姆・法蘭西斯・葉慈（Dame Frances Yates）一派的學者，將史考特譯本視如糞土。

對照之下，將米德所翻譯的版本與現代傑出的布萊恩・科本哈弗（Brian Copenhaver）的譯本做比較，或是與班特利・林頓（Bentley Layton）的《諾斯底經集》中的第一章（波伊曼德里斯，牧人者）和第七章（世人最大之過錯在於輕蔑神明）做比較，在在顯示出米德是一位有才華的譯者，他往往能確實掌握住有些看來含糊的文義。

一般公認，米德的翻譯存在著一個問題：英文文句的美學。一如米德在《三倍偉大的赫米斯》開頭所提到的，他希望「賦予……這些優美的神智學專著可能、或許會被認為在某些小地方有著相當於希臘原文的英文外貌」。

遺憾的是，對於他這種雄心壯志來說，他寫作的時代還遺留著維多利亞時期的華麗浮誇風格，這種舊文體當時正與新世紀直接表達的口語散文體爭鬥不休。就像當時許多陷入這種糾結困境的作家一樣，米德也想使用一種高貴的風格來寫作，但苦無頭緒。結果形成了時而出現的怪異混合——在時代變遷下所形成的俚俗之言與詹姆士王聖經譯本式的遣詞用語並用，不但用錯了古文體、將文字順序倒置，連以詩體精簡文句的方式都令文風顯得失之優雅，而且有時候甚至讓人看不懂。

從二十世紀晚期的文學審美觀來看，這樣的結果接近一種無心而恰巧的自我戲謔。舉例來說，米德使用蘇格蘭式縮寫「ta'en」（取代「taken」），顯然是為了能夠流露出如詩般的意境，卻不免令人產生赫米斯・崔斯莫吉斯堤斯穿戴蘇格蘭裙和毛皮袋的想像。

詩體式的文字次序也許是造成閱讀障礙的最大問題；每當譯文淪為胡言亂語、企圖搪塞文字時，它就成了一個很好的規則。值得注意的是，米德不斷以「for that」取代「because」和以「aught」取代「any」，並且或多或少地隨機省略「the」這個字。

最後，內文中，（括號）和〔方括號〕中的註釋是米德的原文，比正文小的灰字才是我的補充。

約翰・麥可・格里爾

Part 1

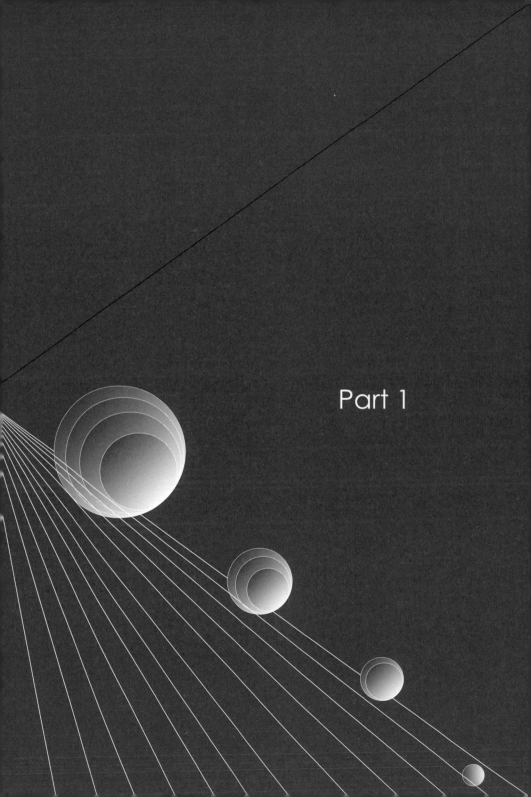

天啟

我會走向生命和光明。

1

波伊曼德里斯，牧人者

創世神話

這是最著名的赫米斯文件，這份揭露性的記錄描述了宇宙創造時的景象，以及人類的本質和命運。其創世神話似乎是一部分受到了〈創世紀〉的啟發，一部分又在抗拒它，這個矛盾一直打擊著自文藝復興時期以降的作家。此處的「墮落」，成了原始人類穿越天國之域到達自然世界的沉淪——一種並非由違逆、而是由愛所促成的沉淪，而且是在上天的祝福下為之。

在第九、十四和二十五節裡所討論到的七大命運支配者，便是七大行星的統治者，這也出現在柏拉圖的〈蒂邁歐篇〉，而且在許許多多的古文章裡，往往被合在一起稱做「靈知作品」。它們在此處所扮演的，是一種帶有矛盾情緒的奇特角色，和諧的力量反倒成為人類傾向邪惡的本源。

——約翰・麥可・格里爾

牧人者的教誨

1

曾經有一次，當我正在沉思的時候，我的思緒翻飛到高處，但我身體的知覺卻被抑制住了——就像人們在飽餐一頓之後或因身體的疲憊而沉沉入睡那般。一個廣無邊際的巨大存在現身在我的思考裡，其規模超越了所有界限，它呼喊我的名字，然後說道：你聽到了什麼、看到了什麼，你心裡有什麼想學、想知道的？

2

我問：你是誰？

他回答：我是牧人者（波伊曼德里斯），是萬能的上天心智，我知道你想要什麼，我時時刻刻與你同在。

3

〔然後〕**我說**：我渴望學習事物，了解它們的本質，還想通曉神明。這就是我想聽聞的。

他回應我說：牢記著你想知道的一切事情，然後我便會教你。

4

就在言談間，他的模樣改變，旋即，在轉瞬間，我對於一切事物茅塞頓開，我的視野無限遼闊，所有的一切變得澄澈明亮——愜意、歡欣〔光明〕，舉目所見皆令我深深感動。

但不消片刻，黑暗降臨並籠罩〔其〕部分，可怕又陰沉，它蜿蜒迂迴地前進，看起來像極一條蛇。

然後黑暗幻化成溼氣迷濛的自然界的樣子，翻騰不息，洶湧氣勢遠非千言萬語可形容，它像是從火焰裡噴射出來的煙霧，以低吼發出難以言喻的悲鳴。

〔再〕接著，它發出一聲含糊的呼喊，彷彿是火焰之聲。

5

〔隨即〕從光明中而來〔……〕，一道聖言〔道〕降臨於自然界之上。然後又從潮溼的自然界往上躍向熊熊火焰；它既明亮，又迅速活躍。

接著，四周也明亮了起來。從水面、地面一路向上延伸到火焰裡，彷彿光明是從火焰裡垂下來的。

然而，泥土與水彼此交融得那麼緊密，已經沒有人能夠分辨出泥土與水的區別。滲透於它們之中的靈之言（道）的理性，會推動它們去聞道。

6

然後牧人者對我說：你能了解眼前這幅景象的意義嗎？

我說：不，我不懂。

他說：那光明便是我，你的上天，也就是上天心智，優越於來自黑暗的潮溼自然界；來自上天心智的光明之言（道）就是上天之子。

我說：然後呢？

要知道，你所看到的、聽到的便是主的言語（道）；而上天心智是天父——上天。它們並非彼此分離的，〔反之〕它們的結合才能夠構成生命。

我說：感謝你的說明。

〔**他答道**：〕那麼，你需要了解光明，並且與之為友。

7

言談間，他注視著我的雙眼良久，令我驚懼於他的威儀。

就在他抬起頭時，我看到上天心智中的光明，〔而〕現在它的力量已巨大到無法衡量；我看到宇宙成長得無邊無際，火焰被最強大的光之力量包圍著，〔現在〕它已受到抑制而呈臣服之勢。

當我看著這幅景象時，經過牧人者的言語（道）解說，我已能有所了解。

你需了解光明，
並且與之為友。

8

正當我感到極為驚奇時，他又告訴我：你看上天心智的原型，它的存在早於太初而無止期。牧人者這麼說。

然後我說：那麼，自然的元素是從哪裡來的？

他答道：從上天的意志而來。〔自然〕接獲聖言（道），然後仰望宇宙的美且取法仿效，利用她自己的元素並藉著生靈的降世，讓她自己成為一個宇宙。

9

上天，也就是上天心智，同時是男性也是女性，當光明與生命延續時，會產生另一個上天心智以賦予事物形體，上天也是火之神和靈之神，他塑造出七大統治者，包圍著感官可察覺的宇宙。人類把他們的統治者，稱做命運。

10

出脫自下界的元素之後，上天的理性（道）（之前已沉淪至自然中的道）便立即躍向自然的純粹形式，並且與構形心智結合，因為這兩者是彼此不可或缺的。而自然的下界元素便被置於不理性之中，成了純粹的物質。

11

然後，包圍著眾行星並且使它們以漩渦之勢旋轉的構形心智（與理性〔結合〕），令這些形體轉動，使它們從無垠的開始一直轉向無遠弗屆的盡頭，因為這些〔行星的〕循環起始於結束之處，一如上天心智之意。

自然從下界的元素裡帶來了非理性的生靈，因為上天並未將理性（道）推及〔於他們〕。因為有空氣，所以有了會飛翔的生靈；因為有水，所以有了會游泳的生靈，然後，泥土與水彼此分離，一如上天心智之意。大地從她的懷中創造出生命，包括四隻腳的與爬行的、野性的與馴化的獸類。

12

但是身為萬物之父的上天心智，他代表著生命與光明，賜予人類和他一樣的外貌。他愛上人類，將人類視如己出，因為人類的樣貌承自其天父的形象，美得無與倫比。事實上，上天愛上了自己的形象，他把自己的整個形象都賜給人類。

13

當〔人類〕望著構形者在天父中新創造的行星之時，他因求之過切乃至於不得其門而入，〔於是〕天父便授意於人類。因為人類有了完全的授權，所以能改變自己的狀態，進入已形成的行星之中（七大行星之外的第八顆）。

然後，他望著自己的手足們——七大統治者，他們與他相親相愛，並且每一個都把自己的一部分能量與他分享。

後來人類便很熟悉他們的本質，並且在天性方面也變得和他們一樣。他一心想突破他們領域的界限，並征服那克制火焰的力量。

14

所以，擁有凌駕於宇宙間（所有）的凡人和無理性的生靈之上的完整權力的他，俯身穿越和諧——統治者的命運宇宙，突破它的力量，現身於下界的自然之神的玉顏之前。他（現在）擁有來自（所有七大）統治者的個別能量，同時也具有上天的形象，當自然之神見到這個百看不厭的優美形象時，她對他報以愛的微笑；因為從她的水面上，她彷彿看到了人類最優美形體的影像——從她的大地上，她看到了他的影子。然後，他也望著那個與他相似的形體活在她的懷中、她的水中，並愛上那個形體，也願意棲身其中。

有了意念之後，便隨之產生了行動，（所以，）他讓缺乏理性的形體活躍了起來——棲身其中。自然抱著她的愛人，並緊緊地包圍住他，他們交纏在一起，因為他們已是一對戀人。

15

這就是為什麼人類不同於地球上所有的生靈——人類有雙重性。

生命之所以凋零，是因為軀殼會腐朽，不過，人類因為其本質的關係，其實是不朽的。

儘管有不死之身和支配一切的權力，人類依然要接受命運的安排，像生命有限的生靈一樣遭受苦難。

所以，縱使人類凌駕於和諧之上，但當他身在和諧之中時他便受奴役。雖然人類有雙重性別，就像天父同時是男性、女性一樣，雖然人類也像天父一樣不睡覺，但是，人類最後還是會屈服〔於睡眠和愛〕。

16

接著〔我說：請繼續說下去吧〕，噢，我的上天心智啊，因為我也迷上了聖言（道）。

牧人者說：在今日之前，這一直是個祕密流傳的謎。受人類愛戴的自然帶來了驚奇，噢，那是多麼的奇妙。因為人類有了七大統治者的和諧本質，而七大統治者，如我告訴過你，是用火和靈創造出來的——自然一刻也沒有拖延，立即創造了七個「人」，相應於七大本質，有男也有女，並且在空中移動。

接著〔我說〕：噢，牧人者……既然現在我已充滿聽聞的欲望和渴求，請不要就此結束。

牧人者說：安靜，我還沒有真正為你呈現第一次的講道呢。

我說：是，願靜聞其詳。

17

由於懷著大智，如我之前所說，那七個人的世代應運而生。大地身為女性，她的水充滿了渴望；她向火焰擷取熟成，向乙太❶擷取靈，供自然創造出適合人類形體的結構。

於是，人類從光明和生命轉變成魂魄和心智——從生命轉變成魂魄，從光明轉變成心智。

然後感官世界的所有部分繼之進行，直到他們的時代結束、新的時代來臨。

18

如何擁有上天心智？

接下來，是你渴望聽聞之道的其餘部分。

要仔細聽。

那個時代結束了。

❶為古希臘哲學構想中的一種物質，為宇宙中土、水、氣、火四種基礎元素之外的「第五元素」。

原本束縛住他們的力量被上天的意志解開。

因為所有動物皆分為雌雄，所以此時人類也一分為二：一部分成為男性；另一部分，相對的，成為女性。

上天立即佈達聖言（道）：「你們這些生靈和萬物，要增加數量、繁衍子孫；人要擁有上天心智，才能學習、進而知道自己是不朽的，死亡的原因是愛，而愛就是一切。」

19

當上天麼說的時候，他的洞見透過命運與和諧實現了生靈的結合，以及其子孫延綿。

就這樣，萬物各從其類地繁衍了起來。

然後，透過學習進而了解自己的人，會領悟「善優於多」的道理；但是也有人的愛把他引入歧途，將愛用在自己身上——他會在黑暗中徘徊，透過知覺遭受死亡的折磨。

我說：為什麼無知的罪行有那麼重大，必須被剝奪不朽之身？

他說：噢，你似乎並沒有留意我所說的話。我不是囑咐過你要思考嗎？

我說：我記得，我確實有思考，所以我要向你致上謝意。

〔他說：〕如果你真的有在〔這方面〕思考，那麼你告訴我，為什麼那些亡者都是該死之人？

我說：因為陰鬱的黑暗是物質結構的根本及基礎，潮溼的自然界由此而生，感官世界的軀體也自潮溼的自然中組成，而死亡會榨乾水分使其〔軀體〕枯竭。

噢，你呀！思考得很正確。但是，「了解自我的人，會皈依上天」是怎麼回事，有任何神諭（道）訓示嗎？

我回答：宇宙之父由光和生命組成，人類源自於他。

了解自我的人，
會皈依上天。

「光和生命是天父，人類源自於他。」你﹝這麼說，﹞很好。

如果你知道你是你自己的生命和光，也知道你﹝正好﹞源自於這兩者，你便會再度回歸生命。牧人者如是說。

我呼喊著，但是，天父，我的上天心智，請告訴我，我要怎麼再度回歸生命……因為上天曾經說過：「人要擁有上天心智，才能學習、進而知道自己﹝是不朽的﹞。」

22

並非所有的人都有擁上天心智嗎？

噢，這個問題問得很好。我——上天心智，與聖善之人、貞潔慈悲之人、虔誠之人同在。

﹝對那些人而言﹞我的存在變成一種輔助，他們會立即得到對一切事物的靈知，並且因為虔誠而贏得天父的愛，然後向天父致謝，祈求他的祝福，吟誦讚美詩，用熱切的愛一心信奉他。

在他們離開軀體而安息之前，他們因為厭惡而令軀體背棄其感官能力、背棄他們操弄事物的知識。

不但如此，不讓發生於軀體的操弄運作至其〔自然的〕盡頭的，正是我，上天心智。

做為守門人，我會關閉〔所有〕通道，並且截斷由邪惡的基本能量所誘發的心智行為。

23

但是，對於沒有上天心智的人而言，對於那些邪惡墮落者、善妒貪婪者和妄為不敬者而言，我很遙遠。

復仇的神靈取代了我的地位，他煽風點火，糾纏著那些人不放，對他們火上加油，讓他們的感官知覺直沖腦門，致使他們輕易地犯下罪惡之行，以致內心備受煎熬。

但是，他們從不停止無度的欲望，在黑暗中永不知足地掙扎搏鬥。

24

噢，上天心智，你已教導我我想知道的一切。現在，我懇求你，請你進一步〔為我〕講述關於道的本質。

對此，牧人者說：當物質的軀體要崩解時，首先，你要交出軀體任它發生變化，然後你所擁有的軀體便化為灰燼，接著你把你已空虛、沒有能量的生命交給神靈。之後，軀體的各種感官能力回到它們的源頭，彼此分離，然後重新成為能量；熱烈的情感與欲望也退回到缺乏理性的本質之中。

25

之後，人類加快速度，向上穿越和諧。

在第一區，他交出消長的能量；在第二區，邪惡的謀略〔現在〕失去能量；

在第三區，狡詐的欲望失去能量；在第四區，他跋扈的控制欲（也）失去能量；在第五區，褻瀆的魯莽和輕率妄為失去能量；在第六區，透過邪惡工具斂財的急切努力，被削去其增長的勢力；在第七區，構陷的謊言失去能量。

26

然後，從他身上取下來的所有加強和諧的能量，都包裹在他正派的上天力量之中。他來到隸屬於第八區的大自然那兒，那兒有人在讚頌上天。

那裡的人們欣喜地歡迎他的到來，而他向他們示好，在那裡逗留。接著聽到隸屬於第八區、凌駕於大自然之上的上天之力在歌頌，他們用自己的語言唱出對上天的讚美。

然後，他們成群地來到天父的居所，他們自願臣服於上天的力量，（於是）他們也成為了上天的力量。這便是獲得靈知的人所得到的善終——成為與神同在的人。

你為何還要遲疑？

既然你已得到一切訊息，你是不是就應該為值得的人指引方向，以便讓那些凡人透過你而得到上天的救贖？

27

當牧人者說話的時候，力量與他結合在一起。

對宇宙（力量）之父滿懷謝忱與感恩的我得到釋放，充滿了他灌輸給我的力量，滿懷著他所教導我關於造物者本質和崇高願景本質的知識。

然後我開始向人們佈道，講述奉獻與靈知之美：噢，各位世俗的凡人啊，你們讓自己屈服於酒醉、睡意和輕蔑神明，現在是該清醒的時候了，不要再飲食過度、不要再受不理智的睡意所迷惑！

28

當他們聽到時，他們自願走上前來。

此時，我說：各位世俗的凡人，為什麼你們要放任自己的生命走向死亡，其實你們擁有不朽的能力。

噢，你們悔悟吧，你們一個個與錯誤為伍，被無知沾染。

你們要遠離黑暗，加入不朽的行列，摒棄毀滅！

29

他們之中有些人開口嘲笑，轉身離〔我而〕去，自棄於死亡之路；有些人跪到我的腳下，乞求受教。

我請他們站起來，我成了帶領這群人回家的領袖，向他們傳授聖言（道），告訴他們如何、用什麼方法才能得到救贖。

我在他們的心中播下了智慧之語（道）的種子；他們接過了不朽之水，並且將之飲下。

當夜晚來臨、日光斂盡時，我囑咐他們所有人要感謝上天。當他們結束對上天表達感謝之後，每個人都回到自己的休息處。

30

我的心裡銘記著牧人者的恩施善行，我中心的每一個希望都滿溢著歡欣。軀體的沉睡成了魂魄的覺醒，閉上眼——反而看到真實的景象，我沉默時蘊含良善，我開口時言語（道）帶來益處。

這一切來自於我的上天心智，也就是傳佈主之聖言（道）的牧人者，他讓我得到上天的啟發，我才能將真相看個清楚透澈。所以，我要用我全部的魂魄和力量，對天父感恩祈禱。

31

神聖如你，噢，上天，宇宙之父。

神聖如你，噢，上天，你的意志靠自己的力量精益求精。

神聖如你，噢，上天，你願為世人所知，也以一己之力為世人所知。

神聖如你，你用聖言（道）來構成事物的存在。

我沉默時蘊含良善，我開口時言語（道）帶來益處。

神聖如你，所有的人類都依照你的形象而造。
神聖如你，大自然從未塑造過你的形體。
神聖如你，比所有的力量都更強大。
神聖如你，超越一切的卓越。
神聖如你，勝過一切的讚美。
我的動機純粹，出自於魂魄和內心深處的贊同你，請接受它。噢，你是多麼的不可言喻、難以形容，你之名無以言表，唯有沉默才能傳達。

32

請傾聽我的心聲，我祈禱自己不會不解靈知，它是我們凡人的本質；請賜予我你的力量，有了這個〔來自於你的〕恩典，我便能為無知的人類——也就是我的手足，你的孩子——點燃明燈。

基於這個原故，我相信、也見證，我會走向生命和光明。神聖如你，噢，天父。你所造的人類會和你一樣聖潔，因為你已授予他完全的權力〔變得如此〕。

Part 2

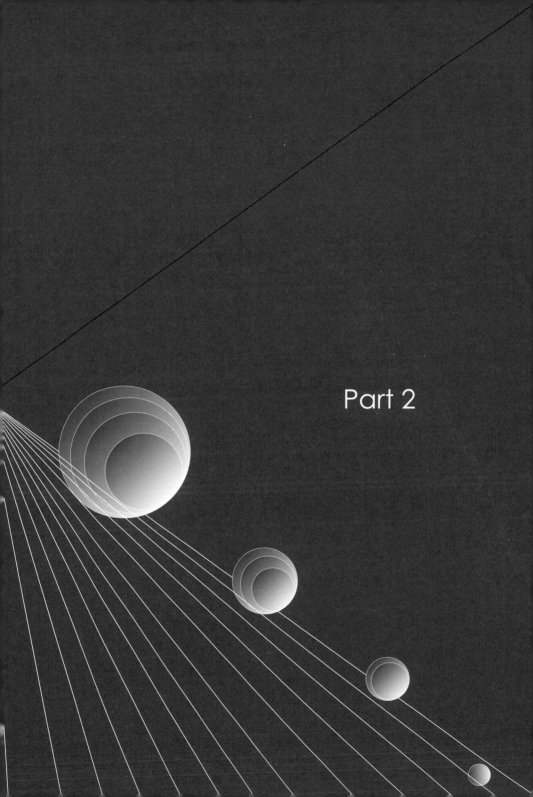

赫米斯哲學

只要一個人能夠領悟唯有心靈才能看到的光輝，善的光明便能使雙眼看得更清楚。

2

致亞希彼斯

宇宙的概念

本篇對話說明了，在希臘自然哲學背景中的物質世界與純哲學世界之間的差異。

有些詞彙是相當技術性的：

在英文譯本中出現於第六節和第七節的 errant spheres，是負載行星的天國之域，而 inerrant sphere 是固定不動的恆星。

還有，記住，空氣（air）和靈（spirit）在希臘思想中是可相通的概念，善（Good）的概念所牽涉的範圍在英文中沒有相應的單字：在希臘思想中，其中一層意思是指任何人的為善之道，也是人類的必要目標。

第十七節對於無子嗣的批評，也許應該理解成對基督的獨身思想的回應——這種思想在古時候嚇壞了許多人。

——約翰・麥可・格里爾

宇宙的運行

1

赫米斯：亞希彼斯，所有被移動之物，是不是都是在某種東西之中被什麼東西推動？

亞希彼斯：當然。

赫米斯：那麼，容納某物在其中被移動的東西，不就勢必比被移動之物還來得大？

亞希彼斯：必是如此。

赫米斯：同樣的，推動者的力量比被推動者更強大嗎？

亞希彼斯：當然。

赫米斯：除此之外，容納某物在之中移動的東西與被移動之物，在本質上是截然不同的嗎？

亞希彼斯：必然完全不同。

2

赫米斯：再者，宇宙之遼闊〔如此浩瀚〕，自它存在以來就沒有什麼比它更大的嗎？

亞希彼斯：當然。

赫米斯：它也很紮實，因為它塞滿了許多其他強大的結構體，更切確的說，是所有的其他實體，不是嗎？

亞希彼斯：是的。

赫米斯：所以宇宙是一個實體嗎？

亞希彼斯：它是一個實體。

赫米斯：一個被推動的實體？

亞希彼斯：當然。

3

赫米斯：那麼，它必定是在一個多大的空間裡移動？那個〔空間的〕本質又〔必定〕是什麼樣的？

為了讓宇宙得到足夠的空間持續前行，它必定要〔比宇宙〕大得多，宇宙才不會因為缺乏空間而無法運行，不是嗎？

亞希彼斯：宇宙所需要的必定是無限大的空間。

4

赫米斯：那個「無限大的空間」的本質又是如何？不是正好與宇宙相反吧，亞希彼斯？不會是與實體相反的無形體吧？

亞希彼斯：我同意。

赫米斯：那麼，空間是無形體的。但「無形體」必定是某種類似神的東西，要不就是上天〔本身〕。

而我所指的「某種類似神的東西」，並不是能被產生的〔換言之，能被製造的〕東西，而是無法被製造的東西。

5

那麼，如果空間是某種類似神的東西，它就是實質的——其中充滿物質；但假如它是上天〔本身〕，它就超越了實體。可是，它應當被視為〔上天以外的〕其他東西，應當這樣思考才對。

首先，對我們而言，上天是「可以構想的」（或「可以心智感知的」），但是，對他自己而言則不是，這是因為——被構想到的東西，是會被掌握在思考者的理性裡的。

那麼，上天對他自己而言就不可能是「可構想的」，因為假若他能夠構想自己，他除了是自己所構想之外，並不是任何其他東西。但他對我們而言是「其他東西」，所以他能被我們構想。

6

因此，如果空間能夠被人所構想，〔那麼〕就不〔應該被認為〕是上天，而是空間。如果上天也能被構想，〔他〕就不〔應該被認為〕是空間，而是能容納〔所有空間〕的能量。

再者，所有被推動之物，都不是在被移動者之中被推動的，而是在某靜止的東西之中被推動的。而推動〔他者〕的東西自然是靜止的，因為它不可能隨著被推動的東西而運行。

亞希彼斯：三倍偉大的赫米斯，那為什麼會還有東西會隨著〔已在〕運行的東西而移動呢？你不也曾經在以前的佈道中說過，負載行星的天國之域是受到恆星的推動。

赫米斯：噢，亞希彼斯，那並不是隨著移動，而是被抵著移動；它們並不是在推動彼此，而是在相互抗拒。就是這樣的對立性，將它們移動的抗拒力轉為靜止，因為抗拒力就是運動的停止。

7

也就是說，與恆星對立運行的天國之域，便是靠著彼此之間相互抗拒的力量而運行，〔而且也〕藉著與它相互對立的穩定恆星而移動——這件事情不會有其他原因。

那裡是大熊星座和小熊星座，既不降落也不上升，你認為它們是靜止的還是移動的？

亞希彼斯：它們在移動，赫米斯。

赫米斯：亞希彼斯，那它們移動的狀況如何？

亞希彼斯：它們的移動是永遠的環繞同點而運行。

赫米斯：循環周轉，也就是環繞著同一個固定住的定點而運行。因為「環繞同點而運行」會阻撓「超越定點而前進」，所以，若「超越定點而前進」在「環繞同點而運行」中很穩定，「超越定點而前進」就會受到阻止，於是對立的運動得以維持穩定——因其相對之力而獲得永恆的穩定。

8

當然，我會給你一個實在的例子，舉目可見。看看這裡的動物，舉例來說，有一個人在游泳。水在動，但是他雙手雙腳的抗拒力給了他穩定性，所以他不隨著水波逐流，也不會沉下去。

亞希彼斯：赫米斯，你舉了一個十分明白的例子。

赫米斯：那麼，所有的移動，都是在靜止狀態中被靜止引發的。因此，宇宙的運行（以及所有其他活生生的血肉之軀）不會受到宇宙以外的事物所引發，而是被相對於外在的內在事物所引發——例如魂魄、靈，或是某種無形的東西。

令活在軀體內的東西運行的並不是軀體，不僅如此，甚至連沒有生命在其中的整個（次要宇宙體）實體也不是。

9

亞希彼斯：赫米斯，你這句話的意思是什麼？難道，推動原料、石頭和所有無生命物體的，並不是有形的實體嗎？

赫米斯：噢，亞希彼斯，絕對不是。實體內的某種東西，也就是

> 令活在軀體內的東西運行的並不是軀體。

推動那個無生命體的東西，當然不是實體，因為推動者同時推動了這兩者——舉起者和被舉起者的實體。

所以，一個沒有生命的東西，並不能推動另一個沒有生命的東西。能推動〔另一個東西〕的具有動力，因為它是推動者。

你看啊，魂魄的負荷是多麼的沉重，它僅憑自己而舉起兩個實體。

再者，被推動的東西是在某物中隨著移動，也是被某物所推動，這是再清楚不過的事。

10

亞希彼斯：噢，赫米斯，是的。一個被推動的東西必需在某個空虛的東西裡才能移動。

赫米斯：噢，亞希彼斯！你說得非常的好。沒有東西是空虛的，僅僅是「沒有」就是空虛，〔而且〕對物質來說是異質的，因為實體的東西永遠不可能變得空虛。

亞希彼斯：噢，亞希彼斯，那麼，舉例來說，像是空酒桶、空罐子、空杯子和空缸子之類的東西難道不是空虛的嗎？

赫米斯：哎呀，亞希彼斯，事實遠非如此！你認為既飽滿又充實的東西是空虛的嗎？

11

亞希彼斯：赫米斯，這話怎麼說？

赫米斯：空氣是實體嗎？

亞希彼斯：是的。

赫米斯：而這個實體難道沒有遍及於一切事物，並且瀰漫於一切事物、充實著它們嗎？

還有，難道「實體」不是由「四項」（元素）綜合組成的？既然如此，空氣就是你所謂的空虛，如果充滿了空氣，也就是充滿了「四項元素」。

更進一步的，這段談話又引發了後續議題，你所謂的飽滿，其實是缺乏空氣；因為它們的空間充滿了其他的實體，因此無法再容納空氣。那麼，那些被你稱做空虛的東西，其實應該說是空心的，而非空虛——它們不僅不空虛，而且還充滿了空氣和靈。

12 什麼是上天？

亞希彼斯：赫米斯，你的論點（道）無可反駁；空氣是實體。再者，遍及於一切事物的，就是這個實體，因此也彌漫於一切事物，並且充實著它們。那麼，容納萬物運行的空間，我們要怎麼稱呼呢？

赫米斯：亞希彼斯，無形。

亞希彼斯：那麼，什麼是無形。

赫米斯：是心智和理性（道），它們全然超脫於宇宙之外，完全信奉自我，

無形是心智和理性（道），它們全然超脫於整個宇宙之外。

不受形體的束縛，免於錯誤的煩擾，形體無法感覺、觸碰到它們，它們置身於自身之中，容納一切，維護其思想為善、為真、為光明之光、為魂魄之典型者。

亞希彼斯：那麼，什麼是上天？

13

赫米斯：這些都不是他，因為他是造成他們所有、個別，以及每一個事物的原因。我們也不能用「不是什麼」來討論他；所有事物都源自於「是什麼」，而不能源自於「不是什麼」。因為「不是什麼」自然沒有成為任何事物的力量，但卻自然地具有「無法存在」的力量。況且，反過來說，「是什麼」在本質上並沒有須臾「不存在」的時候。

14

亞希彼斯：那麼，你會說上天是什麼？

赫米斯：所以，上天並不是心智，而是造成心智的原因；上天並不是靈，而是造成靈的原因；上天並不是光明，而是造成光明的原因。

因此，一個人應該以︹善與父︺此二名榮耀上天——此二名只屬於他，而不屬於任何人。

因為其他所謂的諸神、人類或神靈之中，沒有一個有任何程度的善，唯有上天而已；他就是善，別無其他。其餘的東西都與善的本質分離，因為︹所有其餘的︺都是魂魄與形體，並沒有容納善的空間。

15

善的崇高是股強大的力量，猶如一切事物的存在一樣理所當然——無論是有形或無形、可感覺或僅能以心智感知的事物。因此，你不要將任何其他人事物稱為善，否則你會犯下不敬之罪。

無論在任何時候，都不應把任何人事物稱為上天——除了善以外，否則你又犯下不敬之罪。

16

雖然大家都會談到善，但卻不是人人都懂得什麼是善，也因此並非人人都了解神，甚至有些人還會出於無知而將諸神冠以善之名——即使他們永遠不是善也永遠不能成為善。因為他們與上天有天壤之別，而善與上天之間永遠無法區別，因為上天即如同善。

其他的不朽之身縱然享有上天的名聲——善，而被奉為神靈；但是，上天的善並非基於禮貌，而是出自本性。因為上天的本質和善是一體的，其一即為兩者，再從此中發展出各種其他的特質。

善即是付出一切，不求回報。而上天也是付出一切，不求回報。那麼，上天即是善，善即是上天。

17

上天的另一個名字叫做天父，是因為他是一切的創造者。為父的

善即是付出一切，不求回報。上天也是付出一切，不求回報。上天即是善，善即是上天。

責任，就是創造。因此，對於想法正確的人來說，創造孩子是生命中一項非常重大且極虔誠的事，而辭世時未留下子孫是一項極不幸和不敬的事；無子嗣者在死後會受到神靈的懲罰。

懲罰是：無子嗣者的魂魄會被判有罪，落入一個既無男性也無女性天性的形體之中，成為一個在太陽之下的受詛咒者。

所以，亞希彼斯，你別同情一個人無子嗣，但要憐憫他的不幸，了解他所要忍受的懲罰。

亞布彼斯，這就是我所要告訴你的，向你傳達萬物本質的靈知。

3

神聖佈道

萬物的創造和本質

這篇文章敘述的是世界的創造和本質。

它簡短並且顯然有點被曲解的情況，與第一章〈波伊曼德里斯，牧人者〉顯得十分類似。

它主要的論點是，萬物在一個循環不息的宇宙中新生，其中七大行星統治者又再次扮演了重要的角色。

——約翰・麥可・格里爾

上天是萬物的根源

1

萬物的光輝便是上天、神性和正直的本質。事物的根源就是上天，他既是上天心智也是正直的本質——甚至可說是揭露萬物的智慧。根源〔也〕是神性——而且也是正直的本質、能量、必然性、終點和再生。

無邊無際的黑暗存在於深淵裡，還有水和微妙的、有才智的生靈；這些都是透過上天在混沌中的力量而產生的。

然後聖光升起，來自溼潤的物質元素的沙子匯聚起來成為陸地；諸神將萬物與豐饒的自然界分開。

2

此時，萬物尚未成形、開化，發光的物體被高掛於天空而照耀大地，沉重的物體將根部伸入陸地下的溼潤部分，宇宙的物體靠著火焰而高懸，並且藉著上天的氣息來維持它們的狀態。

天堂有七重，天堂諸神以帶有其象徵的星辰的形式呈現在世人眼前。大自然讓她的成員與諸神在她的懷抱中相互契合成為一體。

而且，〔天堂的〕外圍在循環旋轉，靠著上天的氣息而運行。

3

每一個神靈都依自己正當的權力實現他的使命。

於是，大地之上產生了四隻腳的野獸、爬蟲類、水棲生物、有翅膀的生物、各種結籽的植物、青草，以及各式各樣的美麗花朵——它們，全都有結籽再生的能力。

然後，他們選擇了以人類的誕生來做為對上天的成就的靈知，並且做為大自然的能量的證明。

對於天堂之下的萬物及其所恩賜的靈知具有支配權的眾多人類，能夠一再地增加、一再地繁衍。每一個被週期之神的循環能力賦予血肉的魂魄，都一一見證了天堂的奇蹟，以及天堂諸神的循環力量——同時，也見證了上天的工藝和大自然的能量。

有了上天的祝福和對上天力量的靈知之後，人類就會知道隨善惡〔行為〕而來的命運，並且了解所有上天傑作的精妙之處。

4

〔所以〕，這就是人類根據週期之神的循環所安排的命運之下的生活和智慧成長之開端，以及他們走到盡頭的死亡。

而且，對於他們在人世間的功績應該要立下宏偉的紀念碑，以在生命終了後留下可供後世追憶的些微痕跡。

每個被賦予魂魄的血肉之軀和結籽果實的新生，以及每一項行為的結果，即使會腐朽，也應該透過諸神的更新力量和大自然韻律之輪的轉動，來使自己再生。

每個被賦予魂魄的血肉之軀，即使會腐朽，也該透過諸神的更新力量和大自然韻律之輪的轉動來使自己再生。

因為，雖然神性是大自然不斷更新的宇宙混合體，但是，大自然本身也是在那種神性中一起被創立起來的。

4

聖杯與獨一

上天心智與理智的差別

這篇短文對赫米斯思想的基礎，做了一遍異常清晰的概述。它強調摒棄身體與身體的欲望、和將人類分為具有上天心智與不具有上天心智的，這令人聯想起同時期有些所謂的「靈知」作品。將人類做區分的概念，是一種選擇上的問題，另一方面，也是如《亞當啟示錄》等帶有加爾文主義氣息的作品的討喜變體。

米德推測，這篇文章對「杯子」的比喻，透過關於聖餐禮的非正統觀念，也許與「聖杯」的傳說之間存在著些許的關係。

——約翰・麥可・格里爾

對上天心智的靈知

1

赫米斯：世界的創造者創造了宇宙，創造者所倚靠的，是理性（道），而不是雙手。

所以，你應當將創造者視為無所不在、自太初以來一直都存在、是萬物的造物者——

而且是透過自己的意志創造萬物的唯一創造者。

沒有人能夠觸及、看到或丈量他的形體，他的形體是不可延展的，不能置於其他框架裡。

他既不是火，也不是水，既不是空氣，也不是乙太，但是，這些東西全都源自於他。

現在既身為善，他意欲以此〔形體〕獨受尊崇，並且令大地井然有序，使之生色。

2

所以，他把這個有著上天模樣的東西——人類，不朽之生靈，但也是會死之身——送到大地上。

宇宙各處（也）還有其他各種生靈，但人類因為具有理性（道）和心智而出類拔萃。

人類經上天的巧手打造而成為愛好沉思者，他們在努力探索下得知自己的創造者，並且為此感到驚異不已。

3

噢，塔特，上天確實在所有的人類之間散播了理性（道），但是卻沒有授予上天心智——

這並不是他不情願這麼做，他並沒有怨恨妒忌之心，怒恨妒忌之心是天堂之下的世界裡那些沒有心智的人類才有的。

塔特：噢，父親，那麼——為什麼上天他不將上天心智授予給下界的所有的人類呢？

赫米斯：他是願意的，我的孩子，他願意像授予獎賞一樣的將它供放在生靈之間。

4

塔特：那麼上天把它放在哪兒了呢？

赫米斯：他用一個巨大的杯子盛著它，連同一位使者一起送到人間，他交待使者將這則宣示佈達於人心——

你們要用這只聖杯接受浸禮，你們秉持虔誠之心，便能上探將聖杯送至人間的使者，然後知曉自己存在的目的！

而後，許多了解使者音信的人會埋首於探究上天心智，並且將成為獲得靈知的人。

當他們「獲得上天心智」時，他們就成了「完美的人類」。

至於那些不了解音信的人，由於他們〔只〕擁有理性而無上天心智的輔助，所以他們不知道自己何以存在。

5

這些人的觀念，其實就跟不明事理的動物一樣，由於他們的〔整個〕內涵在於個人的感覺和衝動，所以，對於真正值得深思的事情，他們反倒一點兒也不願意費神。

他們把心思都花在身體的享樂和愛好上，相信那才是人存在的目的。

但是，那些已獲得一部分上天之禮的人，塔特，如果我們從他們的行為來評判，他們已從死亡的束縛中贏得解放，因為他們所接受的是在他們自己心智中的所有事物、大地萬物、天堂萬物，以及天堂之上的萬物——如果有的話。

他們努力地大幅提升自我才能見到善，當見到善時，他們會把在人世間逗留視為不幸之事。他們會鄙棄一切，無論是有形的或無形的，只管加快腳步追隨獨一無二的上天。

那些已獲得一部分上天之禮的人，已從死亡的束縛中贏得解放。

6

噢，塔特，這就是對上天心智的靈知、這就是對神聖事物的洞察、這就是神的知識，因為那杯子是神的聖杯。

塔特：父親，我也會接受浸禮的。

赫米斯：孩子，除非你先學會厭惡你的軀體，否則你不會懂得自愛。但是，如果你愛自己，你就會擁有上天心智，而若擁有了上天心智，你就會得到一部分的靈知。

塔特：父親，你能解釋這句話的意思嗎？

赫米斯：孩子，把自己同時奉獻給兩者是不可能的——我指的是腐朽之事物和神聖之事物。

存在的事物有兩種，有形的和無形的，了解何為腐朽、何為神聖，下決定的人不是擇選這一種就是那一種，因為不同的兩者永遠不能相遇。

選擇了其中一者的人，在他魂魄之中，衰退的一方會促使另一方的增長進而彰顯。

7

現在，較好的選擇不只給予做決定的人許多最美好之事，使人具有神性，也讓決定者向上天表露了虔誠之心。

若是做了不好的選擇，雖然會造成「人」的毀滅，不過，其實它擾亂了上天的和諧，也只是達到這樣的程度——也就是說：這樣的人在生命的過程當中，不管做任何事都無能為力，頂多只會擋到別人的路，他在人生的道路上，會一直受到感官之欲的左右。

8

噢，塔特，源自於上天的道便是如此，這也是我們要遵奉的道；但凡一切操之在我者皆應奮力向前，不稍停歇，因為促成邪惡之事者是我們「而非上天」，務驅惡向善。

孩子，你看，我們必須穿越多少人群，遇到多少邪惡的誘惑，越過多浩瀚的星際體系〔我們的道路穿越其中〕，才能奔向獨一無二的上大。

善，是廣闊無垠的，它沒有邊際，沒有終點，而且它也沒有起點；對我們而言，了解它只有一個方法——

靈知。

9

所以靈知並不是善的起點，而是〔靈知使〕我們得知善的開始。

那麼，請讓我們把握住開始，並且迅速地穿越一切〔我們所應該經歷的〕。

要我們拋下已經習慣的事物是很困難的，它們在我們生活中隨處可見，很容易誘導我們走回舊道路上。

善是廣闊無垠的，對我們而言，了解它只有一個方法——靈知。

東西能憑外觀取悅我們，因為呈現在眼前的事物不難取信於人。現在，邪惡是更加明顯的東西，而善從不在世人眼前現身，這是因為它既無形也無體。

因此善獨為善，而不同於所有其他事物——

或者我們也可以這麼說，讓無形的東西在有形的東西之前顯而易見，是不可能的事。

10

「相似」優於「不相似」，以及「不相似」劣於「相似」，當中的道理如下所述：

萬宗歸一的「一（獨一）」是一切的由來以及根源——它便是萬物的根源和由來。

沒有了〔這個〕源頭，一切都將是空；而源頭〔本身〕並不來自於他處，只來自於它自己，因為它是其他一切的源頭。

它本身就是自己的源頭，因為它不可能有其他源頭。

萬宗歸一的「一」就是源頭，涵蓋了每一個數字，但不能被任何數字涵蓋；它衍生了每一個數字，但不能被其他數字衍生。

11

所有衍生出來的事物都是不完美的。

它們能被分割，以增加和減少物體；但是，這些事物之中沒有一個能涵蓋完美（的獨一）。

可增加的事物，是從獨一之中增加而來，但當它不再能涵蓋獨一時，它會由於自己的微弱而屈服。

噢，塔特，現在我已盡我所能向你概述上天的形象。

如果你願意專注的思考並用你心靈的雙眼觀察，相信我，孩子，你會找到通達上天的道路。

不但如此，那個形象將會成為你的指引。

因為神聖的景象就是具有這麼奇特的魔法，它會緊緊把握住、吸引住能夠順利睜開雙眼的人——

就像人們所說的，磁石能夠吸引鐵。

5

上天雖隱晦，但其道最為彰顯

上天的奧祕

這篇佈道是「設計論證」中最易懂的赫米斯版本，「設計論證」是自古以來證明上天存在的一種標準方法。

一般說來，就赫米斯短文而言，它在證據的選取上包括了對人類形式之美和理想的讚頌歌。

——約翰·麥可·格里爾

上天為萬物的主宰

1

我也會為你講述這篇佈道，噢，塔特，你就會知曉高於萬物的上天的神祕奧義，並且清楚地了解到，許多看起來含糊隱晦的事物，將如何在你面前變得十分清明。

看似明顯之事，實則不然。

所有被呈現出來的明顯都是特意形成的，因為它本來就是要看來明顯。但是，隱晦之事永遠是隱晦的，因為它不欲顯而易見。它一直是如此，並且令所有其他事物變得彰顯。

上天隱晦其身，恆久如此且不斷彰顯萬物，而不欲彰顯自己。上天並未創造自己；他透過意念思考的力量，以意念彰顯萬物。

在此，「以意念彰顯」的意思單單指創造事物，因為「以意念彰顯」除了創造，別無他義。

2

但是，唯有上天不是被創造出來的，這一點很明確，他超越了一切「以意念彰顯」的力量，而且是隱晦的。

他既以意念彰顯萬物，他便已滲透、進入於萬物之中彰顯自我，而且最重要的是——

他能夠隨心所欲的在任何他所創造的事物中彰顯自我。

塔特，我的孩子！首先，你要向我們的主和天父——也就是那個獨一無二的上天——祈禱。

彰顯的上天便源自於隱晦的他自己，他會向你展現他的慈悲，讓你擁有領悟萬能上天一絲想法的能力，將他的一縷光輝注入你的思想，因為只有思考能「看見」隱晦之道——因為思考本身也是隱晦的。

然後，如果你擁有那份力量，塔特，上天將會顯現於你心靈的雙眼之前。上天並不吝惜向任何事物呈現自己，而更願意向全世界顯現自己。

你擁有領悟上天思想、看見它、靠你自己的「雙手」把握住它，以及面對面凝望上天的形象的力量，但倘若連你內在的道對你而言都隱晦不明，那麼，在你內在的上天要怎麼透過你的〔外在〕雙眼向你展現他自己呢？

3

不過，假如你會「看到」他，你要想想太陽，你要想想月亮的軌跡，你要想想星辰的秩序。

由於每一種秩序都有著範疇和數字上的界限，那麼到底是誰在監督著這一切的秩序？

太陽是天堂諸神中最偉大的神，所有的天堂諸神讓位給他，就像讓位給國王和主人一樣。這個神靈如此偉大，但即使他的偉大超越了大地和海洋，也要容忍小星星在他頭上循環運行。

他是出自於尊重，還是出自於恐懼〔才這麼做的〕，孩子？

這些星星在天堂中運行的每一個軌跡既不相似也不相同，〔那麼〕又是誰來為它們制定軌跡和運行範圍的？

4

高掛在空中的大小熊星座自行運轉，也帶動整個宇宙隨之運轉——這個器具的擁有者是誰？

是誰制定了海洋四周的界限？是誰決定了大地的位置？

塔特，因為所有的這些東西必定都有一個創造者兼主人，所以數字、地點和運作方法，不可能在沒有創造者的情況之下產生。在缺乏地點和運作方法的情況下，也不可能制定任何秩序；不但如此，連在這種混亂的狀況下也不可能沒有上天的存在，我的孩子。

假如無秩序是因為缺乏了什麼東西，但那樣東西仍然不是秩序之道的主人，連它也要臣服在上天的腳下——只是上天還沒有制定好那個秩序。

5

假若你能得到一雙翅膀，你便可以飛到空中，盤旋在大地與天堂之間，望著大地的堅實、海洋的流動（它的湧流波動）、天空的寬闊、火焰的迅猛、〔和〕星辰的運行、圍繞著它們〔一切〕的天堂的迅速循環運轉！

孩子，能看到所有的一切臣服在獨一無二的上天的支配之下，是最為喜悅的景象——

動中有靜，以隱晦創造彰顯；藉此創造了宇宙的秩序，以及我們所看見的有秩序的宇宙。

6

假如你也能透過凡間事物——無論是大地上或海洋中的——看到他，孩子，你要想想人類如何在母體的子宮內成形，並且仔細觀察上天塑造他的技巧，然後認識到塑造出這麼一個擁有似神般優美形象的人類的上天。

〔那麼〕是誰為人類勾勒出眼睛的輪廓，鑽出鼻孔和耳朵，在嘴上開了口，伸展並固定住體內的神經，打造血管，給予堅強的骨骼，覆上肉和皮膚，分開手指和關節，使腳掌變得寬闊，鑿出腺管，張開脾臟，造出尖塔似的心臟，將肋骨組合起來，張開肝臟，造出海棉似的肺臟，做出富有彈性的胃臟，使被造者可以被看見，顯眼又體面，卻將自己隱沒在低階生靈看不到的地方？

7

你瞧在一個主體上有〔應用到〕多少技巧、在一個物件上要耗費多少力氣！你瞧這所有的精緻優美、所有的準確度量，以及這所有的多端變化！是誰創造了這一切？
是什麼樣的母親，或是什麼樣的父親？
除了隱晦其身的上天之外，還有誰能靠意志來創造一切事物？

8

沒有人會說，在沒有雕刻家或〔沒有〕畫家的情況下，雕像或畫作會自動產生出來。

﹁那麼，﹂會有人類這種作品存在卻沒有製造者嗎？

這種觀點是多麼的盲目，多麼的不敬，多麼的無知！

﹁那麼﹂要知道，塔特，我的孩子，你永遠不可能令作品沒有創作者！

不但如此，所有的名字都及不上他的偉大，他是如此的偉大，堪被稱做「萬物之父」。

正確的說，他是唯一的造物者，而成為天父就是他的天職。

9 上天就是萬物

所以，如果你一定要我大膽地說，我會說，他的存在就是構想萬物，並且創造﹁他們﹂。

要是沒有了創造者，任何東西就不可能存在，所以假若他沒有在天堂、在空中、在大地上、在水中、在整個宇宙裡、以及在每件事物的每個有形與無形的部分之中創造萬物，他就不是上天，因為世界上沒有任何東西不是源自於上天。

他就是他自己，他既是有形之物，也是無形之物。他令有形之物顯而易見，令無形之物歸於他自身。

10

他是超越一切的上天，他隱晦其身，卻又代表彰顯的天道，世人（只）能憑心智思量他，他（也）會現身於世人眼前；他是不具形體的，但卻是許多有形之物的源頭。

不但如此，更可以說，他就在每個有形之物之中。

沒有事物不是他，因為他就是萬物，萬物就是他。基於這個原故，他擁有所有的名字，因為他就是萬物之父。

誰會歌頌你、讚美你？

我的雙眼應望向何方為你吟唱讚美詩：朝上、朝下、朝內、朝外？

你的四周沒有道路，沒有地方，也沒有任何存在的事物。一切都在你的心中，一切都源自於你。噢，你只管付出，不求回報，因為你擁有一切，沒有什麼不是你所擁有的。

11

噢，天父，我該何時為你唱讚美詩？因為沒有誰能夠支配你的時間。

再者，我該讚頌你什麼？為了你已創造的事物，還是尚未創造的事物？為了你所創造的顯明事物，還是為了你所創造的隱晦事物？

還有，我該怎麼讚頌你？讚頌你在我內心？讚頌你擁有我的一部分？還是讚頌你的其他成就？

你是任何我可能成為的東西，你是任何我可能做的事情，你是任何我可能說的話。

因為你是萬物的創造者，所以沒有任何事物能夠缺乏你而存在。

你是確實存在的萬物，也是不存在的無形事物——當你思考之時，你是上天心智；當你創造之時，你是天父；當你供給能量之時，你是上天，你是善與萬物的創造者。

物質中較微妙的部分是空氣，空氣中較微妙的部分是魂魄，魂魄中較微妙的部分是心智，而心智中較微妙的部分是上天。

6

善即上天，不在他處

善的本質

這篇關於善的本質的佈道，與第二章〈致亞希彼斯〉很相似，十分倚重古典希臘哲學的技術用語——這是米德的某些譯文容易變得含糊的原因。

在希臘思想中，「善」（Good）也是自成自足的，因此與後來的「美德」（goodness）觀念少有共通之處，就像拉丁文的 viruts（德行）與現代基督教對 virtue（德行）的觀念，儘管有著詞源上的關係，卻幾乎是相反的。

「passion」（激情，但本文作「受苦」解）在此也需依其古義來理解為「action」的相反詞（參照「active」和「passive」）。

在本文中所出現對人類和宇宙的負面態度，與發現於——舉例來說——第一章〈波伊曼德里斯，牧羊人〉或〈致亞希彼斯〉中的較正面評價，形成了鮮明的對照。這提醒了我們，那些文件是多樣性的古代遺物，不見得出自於觀念一致的思想學派。

——約翰．麥可．格里爾

善是上天本身

1

噢，亞希彼斯，善只存在於上天之中而不在任何地方，不但如此，我們更可以說，善永遠是上天本身。

假如是這樣的話，〔善〕一定是一種精髓，來自於上天的一舉一動，而且不受束縛（儘管任何事情都不能沒有它），其四周圍繞著穩定的能量，從不太少，也不太多，永遠有滿滿的供給。〔雖然〕身為一者，但〔它〕卻是一切的源頭，因為能夠滿足萬物的便是善。

再者，當我說〔滿足〕所有〔萬物〕時，指的永遠只有善。這種能力除了上天之外，不屬於任何人。

他不需求任何東西，假如他會，他就是惡。

他也沒有什麼東西好失去——雖然他理當對失去感到痛苦，然而，痛苦也是惡的一部分。

他會順從比他優越者，但沒有誰比他更優越。
他也沒有任何與他拌嘴的親密同儕，否則就表示他已陷入愛戀。
他也沒有不聽他勸的同儕，否則他理當感到憤慨。
他也沒有比他更明智的同儕，能讓他嫉妒。

2

現在，既然這一切都不存在於他的身上，那麼除了善他還剩下什麼呢？就像在這個超越宇宙的上天身上找不到缺點一樣，在其他任何人身上也找不到善。

因為在他們身上都只有其他的東西（換言之，那些並非善的東西）——無論是在小生靈或大生靈身上，無論是各別的生靈或是這個大於萬物、而且是〔他們之中〕最強大的〔宇宙〕。

經誕生而產生的東西，必定會遭受苦難，這是因為：分娩本身就是一種受苦之事。

只要有苦難，就沒有善；只要有善，就沒有一絲一毫的苦難。

這其實就像是——只要是白天的時候，就沒有黑夜；只要是黑夜的時候，就沒有白天。所以，在被創造出來的東西當中，絕不可能有善，善只存在於不可被創造出來的事物中。

不過，鑒於位於宇宙秩序之下的物質已被授予共享一切的權利，所以它也能共享善。

藉著這個方法，宇宙才能為善。

只要能創造萬物、並且持續下去，就是善。

但是，除此之外的一切創造，都不是善。

這是因為——創造是易受影響、屈服於各種變化的，也容易受到脆弱之物的創造者的影響。

3

一個人壞的程度是由好來決定的——

在被創造出來的東西當中，絕不可能有善，善只存在於不可被創造出來的事物中。

沒有太壞的就是好，而好則是壞的最輕微部分。
因此，世間的好不可能完全不受壞的汙染。
世間的好是被壞玷汙的，而且既已被玷汙，它就不再是好，既然不再是好，它就變成壞。
所以，善只存在於上天身上。
甚或我們可以說——
善就是上天本身。
那麼，亞希彼斯，由此可知，在人類的身上，只能夠發現善之名，而沒有善之實。
善要存於人類身上，是永遠不可能之事。
沒有任何一個物質的軀體能夠容納善——
在善的四周，始終圍繞著惡劣、爭取、痛苦、欲望與惰性、錯誤與愚昧等等的思想……
還有，亞希彼斯，最糟糕的是，上述的每一種情形，在世間都被認為是最棒的事情。

而且，更糟糕的是口腹之欲。
口腹之欲它是萬惡之首——
令我們在世間遠善而沉淪。

4

至於我，則要感謝神把對善的靈知投射到我的心智中，讓我知道善在宇宙中應當、卻永遠呈現不出來的樣子。

因為這個世界上「充滿」了惡，唯有上天才充滿了善——
善即上天。

美的優點圍繞著〔善的〕本質。

不但如此，那些優點看起來那麼的純淨、那麼的純正，也許它們本身就是善的〔本質〕。

也許有人敢說，亞希彼斯——如果他講的是實在的、真切的——上天的本質是美，而美再進一步也就是善。

世界上沒有善是可以從有形的物體上獲得的，因為眼睛可見的所有事物都不過是影像和畫面，而〔眼睛〕不可視之物〔才是實際存在的〕，尤其是美和善〔的本質〕。

就像肉眼看不到上天一樣，它也看不到美和善。

因為美和善是上天不可或缺的一部分，只與他結合，是不可分開的伴侶，最受鍾愛。

上天愛上了這兩者，或者也可以說，它們愛上了上天。

世界上沒有善是可以從有形的物體上獲得的，就像肉眼看不到上天，它也看不到美和善。

5

追尋上天便是追尋美善

如果你能夠想像上天，你就能想像美和善，它們超越了光明，比上天所創造的光明更明亮。

美是無與倫比的，一如善一般，就是上天本身。
那麼，當你在想像上天時，你也就在想像美和善。
美和善不能與任何其他有生命的東西結合在一起，因為它們永遠不能與上天分離。
你若是追尋上天，你便也追尋美。
有一條道路可以引領你找到它——
奉獻加上靈知。

6

只有那些不知道、也不走在奉獻之道上的人，才膽敢稱人為美和善——即使他們從未親眼見過一絲一毫的善，而只是被各種的惡包圍住，把惡誤認做是善，然後不停的運用它，甚至還怕它被奪走，所以繃緊了每根神經，不僅為了保有它，還為了使它增加。
那些東西便是人類所稱的善和美，亞希彼斯。

不過，我們既無法逃避、也無法厭惡那些東西，因為對我們來說，最困難的地方在於——

我們已經變得很需要它們，沒有它們，就無法活下去。

7

世人最大之過錯
在於輕蔑神明

將心靈的雙眼停留在上天身上

務要清醒，用心靈的雙眼好好看著

1

醉鬼，你們在哪兒摔跤了？你們吸乾了無知的酒，頂不住醉意，而吐得滿地都是。

你們要保持清醒，用心靈的〔真實〕雙眼好好看著！如果你們不能全部做到，至少有些人要做到！

無知的罪過像酒一樣灑在世間各地，征服了人類被封在軀體內的魂魄，不讓它停靠在救贖港灣裡的港口。

2

你們不要隨著洶湧的波濤流蕩，反而要逆勢而行，努力的航向救贖的港口，得到庇護。你們要找尋一個人，他會牽著你們的手，帶領你們走向靈知的大門。

那裡照耀著澄澈的光芒，使每一道黑暗變得清明。

那裡沒有任何一個酒醉的魂魄，大家都是清醒的，也都用心靈的雙眼望著願意被看見的上天。

沒有耳朵能聽見他，沒有眼睛能看到他，也沒有嘴巴能談論他，唯有心智和心靈能夠。

但首先，你必須撕碎披覆在你身上的外衣——無知的羅網、為惡的根源、墮落的鎖鍊、黑暗的鎧甲、如活死人般的軀殼、徒有感官之欲的軀體，惡就像背在你身上的墳墓、闖入你屋內的盜匪，他透過自己喜愛之事厭恶你，也透過他所厭惡之事令你心懷怨恨。

3

這就是你所披覆的、充滿憎恨的外衣——

它掐著你陷入它的掌控，令你不能抬頭仰望，無法看到真理的美和那其中的善，亦無法厭惡它的惡。

你們不要隨著洶湧的波濤流蕩，反要逆勢而行，努力航向救贖的港口。

它令你看不透它為你設下的陰謀，在人們認為有道理的表象之下，其實毫無道理可言。

它用大量的物質阻塞住人們的心智，在他們的內心填滿可惡的欲望，令你聽不到你該聽的事情，也看不到你該看的東西。

8

萬物不滅，唯世人誤將其變化視為毀滅及死亡

週期循環

在第三章〈神聖佈道〉中成為核心論題的循環觀念，在這裡也佔了核心地位。一支以占星學為基礎的古代思想學派，認為行星在歷經時光悠遠的週期循環之後會又回到同一個位置，所以世間所有的事件都會精確的自我重複，直到恆久的未來——而且在無窮的過去也這麼重複過。在這種週期循環上所用的術語「apocatastasis」，被米德在第四節的開頭譯為「restoration」（週期循環）。

米德在註腳中很中肯地將本篇短文評為「含糊」和「有瑕疵的」，而他在第三節開頭的譯文亦是憑推測的結果。

——約翰·麥可·格里爾

不朽的生命，會消失的生命

1

〔赫米斯：〕孩子，我們現在必須討論關於魂魄和軀體的問題；要怎麼樣魂魄才能不朽，還有，構成和分解軀體的作用從何而來？

任何〔存在的〕東西中並沒有死亡，「死亡」這個詞所要傳達的概念，不是缺乏實際依據，就是通過〔簡單地〕敲掉「不朽」的一個音節，而成為不朽的反義詞——「死亡」❷。

死亡就是毀滅，但在宇宙中並沒有東西被毀滅。因為若宇宙是第二個上天，是不會死亡的生命（或生靈），那麼這個不死之身的任何一部分就都不會死。宇宙中的萬物都是宇宙的一部分，其中最重要的便是理智的動物——人類。

❷在希臘文中，「athanatos」（不朽）拿掉「a」，就成了「thanatos」（死亡）。

2

首先，宇宙的創造者——上天——擁有永生以及超生。其次，「依照上天形象」創造出來的人類被賜予生命，接受上天的支持和哺育，變得不朽，靠著他的天父活下去，永遠免於死亡。

雖然人類得到永生，但仍不同於永恆。因為永恆並不是被創造而產生的，即便是，它也不是由自己創造而產生的，而是永遠一直存在著。

永恆，由於是恆久的，所以它就是造物者。天父本身便是永恆，而宇宙是因為天父才變得永恆和不朽。

3

位於宇宙秩序之下的物質，天父用它來做成一個宇宙體，將它聚攏在一起形成一個天體——使它包圍著生命——它本身是不朽的〔行星〕，也令其中的物質實體變得永恆。

足智多謀的天父把生命（或生靈）散布在這個行星上，並像關在洞穴裡一樣的把他們關在那裡，他用各種各樣的生靈使它有了生機。

他把不朽賜給這個宇宙體，其中的物質不欲與宇宙體的組成分離，以免分解為其（原本）缺乏秩序的樣子。

孩子，當物質尚未被整併時（換言之，還沒形成形體時）是缺乏秩序的，它在此世間包圍著其餘較小生靈（數量會增減，即人類所稱的死亡）時仍然保有此（缺乏秩序的）特質。

4

這種缺乏秩序的特質只存在於世間的生靈中。因為天堂裡的個體，每一個都保有天父所賦予的秩序以做為他們的法則，而且就是藉著（他們）每一個的週期循環，這種秩序才得以保存完好。

所以，世間個體「週期循環」的是其組成結構，當他們到達終點時又回歸到永遠不會消散的形體中，也就是說——不會死亡。

因此，人類會喪失感覺，但不是形體毀滅。❸

5

現在，第三生命，即依照宇宙形象而創造出來的人類，依據天父的意念而擁有心智，比世間的所有生靈都優越——不僅對第二個上天（也就是宇宙）有感覺，也對第一個上天有概念；有感覺的是以有形的形式被察覺，有概念的是以無形的至善心智被察覺。

塔特：那麼，這樣的生命不會消殞嗎？

赫米斯：孩子，快別這麼說！你要了解什麼是上天、什麼是宇宙、什麼是不朽的生命，以及什麼是會消失的生命。而且，你要了解宇宙是由上天所創造，就存在上天之中；而人類是由宇宙所創造，並且活在宇宙之中——萬物的源頭、極限和構成就是上天。

❸指身體的毀滅是一種錯覺，實際上是感知——某種意識狀態的潛藏。

人類會喪失感覺，
但不是形體毀滅。

9

論思想與理智

虔誠和理性的爭議

此篇有點晦澀的文章包含了好幾個主題，它在一開始便點出一個概念：即我們稱之為「思想」的一系列觀點與我們所謂的「理性認知」並沒有多大差別。

這個看法在後來的赫米斯思想中扮演著重大的角色，尤其是在魔法和記憶藝術的領域裡。

不過，本篇文章中所牽涉的議題很少被觸及，而且論點也偏離到道德二元論和同樣重要但極不同的觀點上——即宇宙本身是一種上天的創造力量。

在第十章裡，理解被當做是信仰的根源和先決條件，本篇也許應被視為在虔誠和理性的角色的古老爭議（導致拉丁神學鼻祖特圖裡安〔Tertullian〕的著名理論「我因荒謬而相信」）上的一部分。

——約翰・麥可・格里爾

1
理智與思想實為一體

昨天我傳授了「完美的佈道」，亞希彼斯；我認為今天應該要繼續逐一討論關於「理智」的佈道。

雖然理智（理性認知）與思想看起來是不一樣的，因為前者與物質有關，而後者與實體有關。

但是，在我看來，兩者實為一體，並無不同——我指的是在人類身上。在其他生命體（或其他生靈）身上，理智與自然為一體，但在人類身上，理智與思想為一體。

心智與思想的差異，如同上天與神性的差異一般。

神性由上天而來，思想由心智而來，思想與聖言（道）的關係就像姊妹一樣，它們是彼此的工具。因為沒有聖言（道）能不經思想而傳達，沒有思想能不靠聖言而展現。

神性由上天而來，
思想由心智而來。

所以，理智和思想一起流入人類心中，就好像它們原本就纏繞在一起似的。因為人類不能不依據理智而思考，也不能絲毫不經過思考而講出有道理的話。

2

但是，﹝有人說﹞背離理智去思考一件事是可能的，就像那些做白日夢的人那樣。可是在我看來，這兩種活動都能夠發生於夢境中，但只有理智能通過夢境而維持到清醒的狀態。

人類被分為魂魄和軀體兩部分，只有當他這兩方面的理智彼此一致時，由心智構思的想法才能被傳達出去。

3

所有的想法都是由心智構想出來的——當它收到來自上天的種子時有好的想法，當﹝收到﹞來自於邪惡神靈﹝的種子﹞時則情況相反；宇宙沒有任何一部分不存在著神靈，它們偷偷摸摸地將觸角伸向人類的魂魄，然後在他們心中種下用自己能量做成的種子。心智覺察到已經播下的邪惡種子，於是產生了通姦、謀殺、弒親、褻瀆、不敬、絞殺、跳崖和其他所有出自於邪惡神靈所設計的行為。

4

上天所播下的種子確實不多，但卻碩大而美，而且品質優良——美德、自制與奉獻。

奉獻是上天的靈知，而識上天者其心中便能充滿一切美好的事物，能夠像上天一樣的思考，而不同於眾生的想法。

由於這個原故，靈知者無法取悅眾生，眾生也無法取悅靈知者。靈知者被視為瘋子而受嘲笑，他們被眾生厭惡和輕蔑，有時甚至被殺害。

我們在其他的佈道中說過，惡必居於人間，因為這裡是它的家。它的家在人間，而非如有些大不敬之人所言——在宇宙間。

但人是上天的虔誠信奉者，能夠經得起這一切——只要他感受得到靈知。對於這樣的人來說，即便所有的事情對別人而言是不好的，

識上天者其心中便能充滿一切美好的事物，能夠像上天一樣的思考。

對他而言卻是好的，他會鄭重的指點眾人了解靈知。而且最了不起的是，他但憑一己之力撥亂反正。

5
心智的理解帶來心靈的相信

現在我要再回到理智的講道上。理智在人的身上將思想分予人類，這構成了一個人的內在。但如我曾說過的，並不是每一個人都能從思想中獲益，因為有的人是物質性的，有的人是實質性而有精髓的。物質性的人，如我曾說過，會與惡結合，他思想的種子來自於神靈；而實質性的人會與善結合，得到上天的救贖。

現在，上天是萬物的創造者，而且在他的創造中，他會讓萬物〔最終〕都跟他一樣；雖然有些人靠著自行修練以向善，但結果是徒勞無益的。有些人受到邪惡的汙染，有些人被善淨化，讓他們變成現在這個樣子的，是宇宙過程的結果。

亞希彼斯，宇宙也是一樣，它所具有的獨特理智與思想和人類的不同，並不是各式各樣的，而是比較好也比較簡單的一種。

6

宇宙的理智與思想的唯一目的，就是去創造萬物，並且令萬物最後再回歸到宇宙，它就像上天意志的器官一樣，而且整件事安排得井然有序。宇宙收到所有來自於上天的種子，然後保著它們，讓它們一一開花結果，〔之後〕分解掉，通通再成為新的東西。所以，宇宙就像妥善照顧生命的好園丁一樣，將崩解的東西吸收回去，讓它們再重新開始。宇宙所給予的，沒有一樣不是生命；它把一切回收之後再令他們重生，同時它也是生命的殿堂和生命的創造者。

7

〔用來創造〕形體的物質是多元化的，有土、有水、有空氣，也有火。

所有形體都由這些元素組成，有的複合得較複雜，有的較簡單。較重的較複雜，較輕的較簡單。

宇宙過程的速度，造成了各種起源的多樣化；它可以在瞬息間把這些元素的特質和豐富的能量一起授予這些形體。

8

所以，上天是宇宙的父親，而宇宙是涵蓋萬物的宇宙。宇宙是上天之子，但宇宙中的一切是由宇宙所創造。

它很恰當地被叫做宇宙（秩序），因為它依著萬物生成的多樣性來賦予他們秩序——靠著它的不離不棄，靠著它毫無鬆懈的運行，靠著它所必要的速度，靠著它的元素組成，靠著它賦予生靈的秩序，沒有一物不獲得生命。

那麼，同樣有必要性與正當性的，就應該叫做秩序。

所以，生靈的理智與思想都從他們的外部而來，由（他們的）涵蓋者吹入他們的心靈；而宇宙在形成的同時得到所有生靈，並把他們視為上天的禮物。

9

但上天並非如同有些人所猜想，是不可理解和不可想像的，只是因為有了盲目崇拜的迷信者，才產生了大不敬之語。

亞希彼斯，萬物都在上天之中，它們被上天創造而存在，所以仰賴他——同時透過軀體而行動，也透過魂魄而行動。

魂魄是推動（其他東西）運行的物質，它藉著靈而使東西有生命，而當生命耗竭時又使它們回歸其身。

事情便是這樣；不但如此，我還會說，上天並不擁有這些東西；我所說的千真萬確，因為他本身就是萬物。他不從外在去得到萬物，而是（從己身）創造出萬物。

使萬物運行的，一直都是上天的理智與思想，沒有一絲一毫的東西會在任何時候停息；當我說「一絲一毫」的時候，我指的是「上天的一絲一毫」——因為令萬物存在的是上天，沒有任何東西能夠缺乏上天而存在，上天也不會缺乏任何東西。

10

亞希彼斯，如果你能了解，這些事情在你看來便是真確的；但是如果你不能了解，這些對你而言便是不可相信之事。

要理解才能相信，不相信是因為不能理解。

我的話（道）能帶領你走向真理。心智的力量是非常強大的，當它以言語呈現出來到某種程度時，便有帶領你走向真理的力量。

仔細思考這所有的事情，你會發現它們與理性的解讀一致。心靈若能相信，就會發現自己置身於那正直的信仰之中。

那麼，得到上天（之善）輔助的人會了解（我們）上述所談之事，那些都是千真萬確的；但是看在不能了解的人眼裡，那些都是不可靠之事。

我們在思想和理智方面已討論得夠多了，就此結束。

要理解才能相信，不相信是因為不能理解。

10

智慧之鑰

唯有透過心靈才能看到光輝

這篇較長的文章是以總佈道（第二到九章）的摘要或節錄的形式，清楚的呈現出來，其中討論了赫米斯學派對知識的觀點，及其在人類活著時和死後的角色。留心的讀者會發現在這篇和之前的文章中，對於死後世界的說法上存在著某些矛盾。

「智慧之鑰」以及一般的赫米斯思想的核心概念之一，在於可用文字表達的普通論述知識（希臘文「episteme」，即「認識論」，但米德並不貼切的譯為「科學」）和不能以言語溝通的聯合性知識——超驗（希臘文「gnosis」，即「靈知」，米德很明智地保留了原文而不譯）之間的區別。

同樣的區別可發現於許多神祕思想的體系當中，但不像大多數的這些體系，赫米斯學說對兩者都同樣重視。

對於古典哲學術語沒什麼經驗的讀者可以試著記住 hylic 表示「物質」，passible 表示「屈服於外在力量或承受痛苦」，intelligible 表示「屬於上天心智的領域」，而 motion 包括了所有類型的變化。另外，要記住希臘思想中「Good」（善）的特別含意——自給自足和期許。

第九節前面關於禪的戲謔反諷（在這篇重要訓示的中間部分）將善良虔敬者界定為「說得不多或聽得多的人」，因此排除了他自己和聽眾，但似乎並未影響到後來的釋義者。

——約翰·麥可·格里爾

上天、天父和善使萬物存在

1

赫米斯：亞希彼斯，昨天我已為你講道，所以今天我該為塔特講道了，而且更因為它是塔特已聽過的「總佈道」的節錄版。那麼，塔特，「上天、天父和善」是同一者，擁有相同的本質，或者更切確的說，是能量。本質含有成長的意味，並且用於無論動態或靜態的變化性事物，也就是上天意欲使之存在的人類和神性。不過，能量是存在於某種東西之中的（我們曾在其他討論中提過），在上天事物和人類事物之中；當我們在討論善的時候，應該要記住這一點。

2

上天的能量就是他自己的意志；進一步來說，他的本質就是意欲促成萬物的存在。萬物的「存在」，不就是「上天、天父和善」嗎？而且，每個東西的實質自我就是上天，就是這個天父，就是這個善；除此之外，別無其他。還有，雖然宇宙——也就是太陽，對萬物而言是涵蓋他們的父；但它也不是賦予生靈善的原因，它甚至不是他們存在的原因。即使宇宙是萬物之父，它也完全是因為受到善的意志的驅策力才會如此，並非本來就如此或後來才變得如此。

3

同樣的，父母雖是子女的成因，但父親和母親雙方都只是共同沐浴在穿過太陽〔所灑下〕的對善的渴求之下。促成創造的，是善。

這種力量唯獨上天能夠擁有，他以意志使萬物從無到有；塔特，我不會說那是「製造」。因為製造者在〔他所製造的〕品質與數量上，長久以來〔他有的時候製造，有的時候不製造〕是有缺陷的；他有時製造得太多又太相似，有時則情況相反。

「上天、天父和善」〔是〕使萬物〔至少是我們能以肉眼看到的東西〕存在〔的原因〕。

每個東西的實質自我就是上天，就是這個天父，就是這個善；除此之外，別無其他。

4

善意欲存在，它的存在是由於自己和——最重要的——它的理性。一切萬物只因它而存在，因為善最大的特點是「要為人所知」。塔特，這就是善。

塔特：噢，父親，你用這麼好、這麼獨到的見解充實了我的心靈，所以我的心靈之眼現在對我來說幾乎成了一個要崇敬的對象。善之道並不像太陽的光芒，似火般的眩目烈焰使人睜不開雙眼。反之，只要一個人能夠領悟唯有心靈才能看到的光輝，善的光明便能使雙眼看得更清楚。它不僅會迅速地降臨到我們身上，而且對我們不會造成傷害，也是所有不朽生靈的天性。

5

能比別人的這種見解多思考一點的人，往往會在睡夢中神靈出竅，而進入了這最美的景象當中，就像我們的祖先烏拉諾斯神和克羅諾斯神的情況一樣。但願我們的命運也是如此，噢，我的父親！

赫米斯：也許是這樣，我的孩子！

但事實上，我們還沒能接近那個憧憬，我們的力量也不足以運用心靈之眼去揭露和瞻望善的美——那種美無人能使之墮落，也無人能夠理解。到時候，你只能無法言語地瞻望著它，因為善的靈知是聖潔的寧靜，對每一種感官而言就是贈予的養息。

6

察覺到它的人，便無法察覺到其他任何事物；凝望著它的人，便無法凝望著其他任何東西；他聽不到其他任何事情，也不能任意移動自己的身體。他停止住身體的每一種感覺和每一個動作，而保持在靜止狀態。

然後他的腦海裡到處閃耀著光芒，光芒穿透了他的整個魂魄，將魂魄抽離了軀體，把他整個人轉化成一種精髓。

只要一個人能夠領悟唯有心靈才能看到的光輝，善的光明便能使雙眼看得更清楚。

一個人的魂魄造得與神相似——即使它仍存在人類的軀體中，這是可能的，孩子，假如我們深切地思考善的美，你就能夠了解人的魂魄造得與神相似。

7

塔特：造得與神相似？您能解釋這句話的意思嗎，父親？

赫米斯：每一個分離的魂魄都是轉化而來的，孩子。

塔特：分離？這是什麼意思？

赫米斯：你沒有聽過嗎？「總佈道」指出：在所有宇宙中循環往復的這些魂魄，都來自於一個上天魂魄，儘管它們是相互分離的。

這些魂魄各有不同的境遇，有的過得幸福快樂，有的情況（正好）相反。有些匍匐爬行的演化成水棲類，有些在水中的生靈類演化為地棲類，有些在陸地上的演化為有翅膀的禽類，在空中的生靈演化成人類，而達到不朽的第一階段的人類魂魄，即變化為神靈。所以它們圍繞著恆星之神循環運轉；神靈分為兩大族，一族是恆星之神，一族是行星之神。這是魂魄最崇高的榮耀！

8

可是，魂魄一旦進入了一個堅決行惡的人體內，它便嚐不到不朽的滋味，也不能與其他生靈共享善道，而是走回頭路，成為匍匐爬行的生靈——這便是邪惡魂魄所要遭受的懲罰。

那種魂魄之罪是愚昧無知，因為缺乏關於事物、事物本質或是善的知識的魂魄，會被軀體的欲望所蒙蔽，而使意志搖擺不定。這種卑劣的魂魄不知道自己的人生目標，只是背負著軀殼，徒成為陌生形體的奴隸，陷入可悲的困境之中；他不是支配者，而是被支配。這〔種無知〕便是魂魄之罪。

9

但在另一方面，魂魄的美德是靈知。通曉靈知者居住在神賜的土地上，既善良又虔誠。

塔特：噢，父親，但這是什麼樣的人呢？

魂魄的美德是靈知。通曉靈知的人，居住在神賜的土地上，既善良又虔誠。

赫米斯：這種人說得不多，但是聽得多。愛爭辯和聽人爭辯的人有好鬥的性格；然而，「上天、天父和善」之道，並不是透過能夠言善道或道聽塗說便能夠取得的。

話雖如此，所有的生靈卻都有感官知覺，因為他們不能缺乏感官知覺而存在。不過靈知遠不同於感官知覺，因為感官知覺是由那股賜予我們生命的神祕力量所賦予的，靈知是科學的終點（即「目標」），而科學是上天的贈禮。

10

所有的科學都是無形的，它所運用的工具就是心智，就像心智運用身體一樣。然後兩者皆進入軀體——〔我指的〕兩者是僅能以心智認知的東西和物質性的東西。因為萬物間必定包含了對立和相反的性質，反之則不可能成立。

塔特：那麼你說的物質性的神又是誰？

赫米斯：宇宙固然美，但它並非善——因為它是物質性的且極易受外在力量所影響。雖然主因是萬物都容易屈服於外在力量，但也是因為宇宙處於次階層，本身有所缺乏。而且即便它從未在任何時間誕生，但它一直處於形成的狀態，無時無刻都有質與量的形成，是質與量的起源；因為它是一種流動性的、所有物質運動的起源。

如何得到救贖？

11

令物質運動照這種方式運作的正是僅能以心智感知的靜止力量，因為宇宙是一個球體——代表著頭腦。

而且，在腦袋之上不會有物質性的東西，一如腳底下不會有僅能以智力了解的東西，而是通通都是物質性的東西。

頭腦本身便是以類似球體的方式運行——這也就是說，能夠運作的頭腦，便是心智。

結合到這個「頭腦」的「組織」（魂魄）中的萬物，在本質上是不朽的——正如擁有魂魄的軀體，它的魂魄性大於形體性。

而那些距離這個「組織」很遙遠的東西，它們的形體性大於魂魄性，它們在本質上會屈服於死亡。

然而，這個整體是一個生命，所以宇宙的組成包含了有形的物質和無形且僅能以心智感知的東西。

12

還有，宇宙是生靈之首，人類次之，是必朽之物之首。人類和其他生靈一樣被上天賜予魂魄；他不僅不善，甚至是邪惡的，因為他會臣服於死亡。

雖然宇宙由於會受到各種外力影響的關係，也是不善的，但是它並不邪惡，因為宇宙並不臣服於死亡。至於人類，由於他們臣服於外力影響和死亡，所以是邪惡的。

13

人的魂魄是一種如此有智慧的媒介：心智在理性（道）之中，理性在魂魄之中，魂魄在靈（抑或是生氣蓬勃的靈）之中，而靈在軀體之中。

靈藉著靜脈、動脈和血液（在體內）蔓延開來，使生物能夠活動，在某種程度上，就像生物擁有靈一般。

這使得有些人認為魂魄就是血液，因為他們誤解了魂魄的本質，殊不知（死亡時）先被收回魂魄內的必定是靈，此時血液凝結，靜脈和動脈都已淨空，生靈（或生命）歸息；這就是軀體的死亡。

14

萬物所依賴的只有一個本源，而本源所依賴的是獨一無二的造物者。

再者，本源會被更動而再變成本源，而造物者恆久存在，不會變遷。

所謂三者是：「上天、天父和善」、宇宙及人類。

上天包含著宇宙，宇宙包含著人類。宇宙自始至終都是上天之子，人類則如宇宙之子。

15

不過，上天並未忽略人類，相反的，他非常了解人類，而且也願意被人類了解。這便是人類的唯一救贖——上天的靈知，這是登上山峰的道路。

魂魄僅能夠透過他而變得純潔善良——並不會時而好、時而壞，而是必然的善良。

塔特：三倍偉大的賢者，你能解釋這句話的意思嗎？

赫米斯：我的孩子，你瞧，一個嬰兒的魂魄還沒有與世界的魂魄斷絕連繫，因為他的軀體仍然弱小，尚未完全成長。

塔特：為什麼呢？

赫米斯：這﹙樣的魂魄﹚是我們所能看到的最美麗事物，尚未被身體的欲望玷汙，是個幾乎仍然向上聯繫宇宙的魂魄！然而，當身體完全成長並且使魂魄伸展於身體各處之後，這個魂魄便與世界魂魄斷絕了連繫，招致遺忘，然後不再和宇宙共享美與善，於是，這個遺忘便成了邪惡。

16

當魂魄脫離軀體時，也一樣。

當魂魄將自己從身體抽離時，靈會將自己壓縮到血液裡，而魂魄就在靈之中。然後褪去了外衣、有著天授神性的心智，在任由它接受審判和接受它所應受的懲戒後，遁入一個熾烈燃燒的軀體，穿越每一寸空間。

塔特：父親，你這句話要怎麼解釋？心智與魂魄分離，且魂魄與靈分離？而你說過，魂魄是心智的外衣，且魂魄就是靈。

17

孩子啊，聽者應當和同他說話的人一起思考，甚至，要比同他說話的人有更敏感的傾聽能力。孩子，我的意思是，出自於塵土、做為魂魄的外殼的軀體終歸有步入死亡的一天。因為在一個出自於塵土的軀體當中，心智不可能真正佔有一席之地。

因為一方面，塵世的軀體不可能容得下這麼長久的永生，另一方面，這麼高尚的美德也不可能忍受一個脆弱的軀體與它那麼密切地接觸。所以，魂魄只是把軀體當做一個皮囊。

魂魄本身也是具有神性的東西，它把靈當做外衣，而靈遍及於生靈身上。

18

當心智從塵世的軀體中釋放出來後，它立刻穿上它高尚的火焰長袍；當它處在塵世的軀體內時，是無法穿著這種衣服的。

因為塵土禁不住火焰的燃燒，而這種長袍完全是用火焰、甚至小火花所製成的——由於這個緣故，塵世間才會到處都有水，以水做為防護和牆堵，來抵擋熊熊的火焰。

聽者應當和同他說話的人一起思考，甚至，要比同他說話的人有更敏感的傾聽能力。

但是，在所有神的超思想中最迅速、而且比任何元素都迅速的心智，必須讓它的形體燃燒。

因為心智這個建造者，以火做為建構萬物的工具——上天心智是〔建構〕萬物的心智，但人類的心智是只屬於塵世之物的心智。

既然被剝奪了火焰的外衣，在塵世間的心智便無法令事物具有神性，因為這樣的心智是人性的。

19

然而，人類的魂魄——並非每一個魂魄，而是只有虔敬的魂魄——是有點像神靈且具神性的。

當這樣的魂魄從軀體裡釋放出來後，如果它曾為虔誠奮鬥過——目的在於知曉神明且不對人犯錯——這樣的魂魄才會成為一個完整的心智。

當不虔敬的魂魄仍在其實體內時，它一方面承受自責，一方面尋求一個它能夠進入的凡俗之體——只要是人類的軀體。

因為沒有其他的軀體能夠容納人類的魂魄，任何人類魂魄也不應該降生到不具備理性的東西上。因為上天的法則是：守護人類的魂魄，使之免於如此重大的惡行。

20

塔特：那麼，父親，人類的魂魄會遭受什麼樣的責罰呢？

赫米斯：孩子，任何人類魂魄所可能遭受到的責罰，還有什麼比缺乏虔敬更為重大？

還有什麼火焰能比人心缺乏虔敬燃燒得更加猛烈？

還有什麼餓極的猛獸，能比缺乏虔敬的魂魄撕咬其身體更劇烈？難道你沒看到不虔敬的魂魄所承受的許多災禍嗎？

他們驚聲尖叫——

我著火了，我燒起來了，我不知該如何是好。唉，苦命的我，受到周遭所有災禍的折磨；嗚呼哀哉！可憐如我，既看不見也聽不到。

這樣的哭號，來自於受到責罰的魂魄，而並非如許多人——以及你，我的孩子——所想像，是一個（人的）魂魄變成一隻野獸穿越軀體而出。

事實上，這是一個相當嚴重的錯誤，因為魂魄遭受責罰的方式其實應該是這樣的……

當心智變成神靈時，依據法則，需要一個燃燒的軀體才能執行上天的工作，然後進入那極不虔敬的魂魄之中，並以其罪所製之鞭來鞭笞它。

然後，那個受到其罪嚴懲的不虔敬魂魄，會遭受謀殺、暴行、褻瀆、各種暴力和人類的各種其他惡行的對待。

相對來說，在虔敬的魂魄裡頭，心智則會提升，並且引導魂魄通往靈知的明燈。

像這樣的魂魄從不厭倦（為上天）唱讚美詩、為所有人類祈福，並效法天父向眾人道善言、行善事。

在虔敬的魂魄裡，心智會提升，並且引導魂魄通往靈知的明燈。

22

所以，我的孩子，你應當讚美上天，並祈禱自己有良善的心智。那麼，你的魂魄便會走向一個更好的境界，而不會走到一個更糟的境地裡。

還有，魂魄之間也會交流。諸神的魂魄與人類的魂魄相互交流，而人類的魂魄與不具理性的動物魂魄相互交流。

位階愈高、愈先進者能掌管低階者；諸神看照著人類，人類看照著缺乏理性的動物，而上天掌管著一切，因為他處在最高的位階，萬物都次於他。

宇宙臣服於上天，人類臣服於宇宙，缺乏理性的動物臣服於人類。上天凌駕於萬物之上，而且上天包含著萬物。

上天的光輝，在意義上，就是他的能量；宇宙的光輝是自然，而人的光輝是藝術與科學。上天能量的作用遍及於全宇宙，透過宇宙的自然光輝而及於人類；自然的光輝透過元素而產生影響力，人類透過科學和藝術而產生影響力。

23

這便是宇宙間的神意，依據上天的本質，透過上天心智而遍及於萬物，沒有什麼能比上天心智更神聖或具有更大的能量；也沒有什麼是比上天心智更是人類結合諸神、諸神結合人類的工具。

他，〔上天心智，〕是善之神靈，賜福於能容納他的魂魄，降禍於心中毫無上天心智的魂魄。

塔特：父親，我能請您再解釋一遍這句話嗎？

赫米斯：孩子，你以為每一個魂魄都具有善〔的上天心智〕嗎？我們說的是上天心智，而不是我們剛剛談到為上天效勞的心智——降至人間〔對魂魄〕施以責罰。

24

沒有心智的魂魄「既不能言也不能行」。人類的心智常常會脫離魂魄，此時，沒了心智的魂魄便不能視也無法理解，像一個沒有理性的東西一樣。這就是心智的力量。

心智無法容忍一個懶散遲鈍的魂魄，於是留下與軀體緊緊相繫且被身體束縛限制的魂魄而去。

孩子，這樣的魂魄沒有上天心智，因此擁有這種魂魄的人不能被叫做人。因為人是一種有生命（或動物性）的神物，大地上的其他生命都不能與之相比，唯有居住在天上的生靈，即諸神，方可與之匹敵。

不但如此，如果我們必須大膽地吐實，那麼，真正的「人」的地位甚至高過於諸神，或至少，諸神和人的力量相當，差之無幾。

25

居住在天上的諸神，沒有一個會跨越天堂的界線而來到人間；但人類卻能夠上達天堂並且估量它，他知道天堂裡哪些東西位階高、哪些東西位階低，也精確地知道其他所有事物。

最棒的一點是，人類不用放棄大地也能升往天堂；他陶醉於擁有穿越浩瀚天地的能力。

基於這個原故，人類敢說自己是居住在大地上的凡軀之神，而天堂的神是永生之人。

因此萬物的安排是透過上天的意志，並經由宇宙與人類來支配。

Part 3

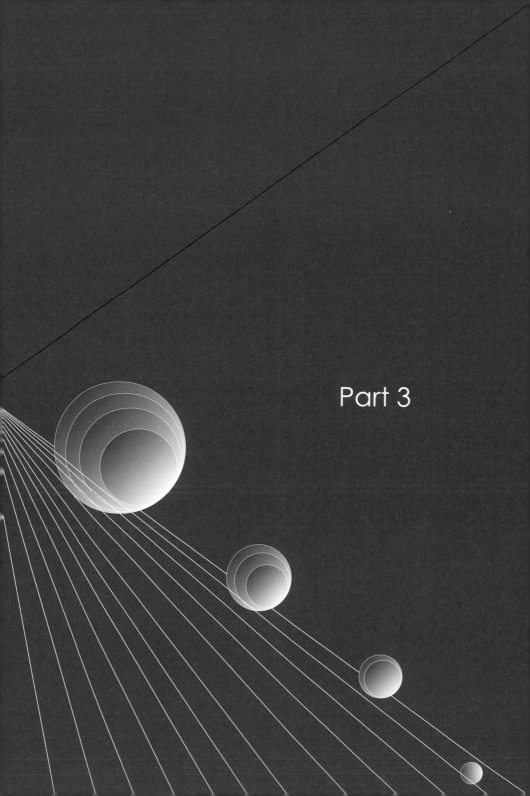

魂魄與心智的祕密

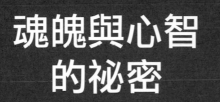

不要為惡。

11

心歸赫米斯學說

上天和宇宙的本質

這篇複雜的文字是在敘述上天心智（第一章的「牧人者」）給赫米斯的啟示，內容是關於上天和宇宙的本質。

此文本身已非常難懂，而米德艱澀的文體又使其中某些部分更難理解。我會在必要處插入說明。

有些術語的註釋對讀者會有幫助。

例如本篇中的「亙古」（Aeon，也出現於許多所謂「靈知」的寫作中），指的是一個不受時間、空間影響的理想領域。

cosmos（宇宙）同時代表著「秩序」和「美麗」——同樣的字根也出現在cosmetic（宇宙的）一詞裡。此外，英文譯文中的genesis（起源）和becoming（由來）在希臘原文中是同一個字。

最後，接近第十三節開頭處的方括號中的inactive（懈怠的）P164是米德自己添上的，目的是在填補文章中的缺文。較常見的推測（如他自己所說）是「與上天分離」。

——約翰・麥可・格里爾

上天是萬物的源頭

1

上天心智：三倍偉大的赫米斯，你要精通此篇佈道，並且牢記我口述之言；當我說話時，我不會有任何耽擱。

赫米斯：雖然有許多人講述過各種關於造物者和善的事情，但我尚未學得真理。噢！我的導師，請為我說明吧。我只能信任來自於你的解說。

2

上天心智：（那麼，）我的孩子，你且聽我講述上天和造物者。

上天、亙古、宇宙、時間、起源。

上天創造亙古，亙古創造宇宙，宇宙創造時間，而時間創造起源。

善（美麗的、有智慧的、神的恩典）是上天的本質，同一性是亙古的本質，秩序是宇宙的本質，變化是時間的本質，生命與死亡是出生的本質。

上天的能量是上天心智和魂魄；亙古的能量是永恆與不朽；宇宙的能量是週而復始；時間的能量是增減；起源的能量是特質。

亙古在上天之中，宇宙在亙古之中，時間在宇宙之中，起源在時間之中。亙古堅定的圍繞著上天，宇宙在亙古中運行，時間被設限在宇宙中（或在宇宙中得以實現），而起源發生在時間裡。

3

因此，上天是萬物的源頭，亙古是萬物的本質，宇宙是萬物的物質內容。上天的力量是亙古，亙古的傑作是宇宙——宇宙從未誕生過，卻一直自亙古而生當中。

所以，由於亙古的不滅特性，宇宙絕不會被摧毀，宇宙中的一絲一毫也不會

上天是萬物的源頭，亙古是萬物的本質，宇宙是萬物的物質內容。

消滅，因為宇宙的四面八方都被亙古包圍著。所以，亙古支配著宇宙，將不朽和永續傳授給物質。

4

但是宇宙的發生取決於亙古，就像亙古的發生取決於上天一樣。

在天堂和人間的起源和時間，分屬於兩種不同特質。

在天堂，這兩者是不可改變也不可毀滅的；但是在人間，它們臣服於改變和毀滅。

再者，亙古的魂魄是上天，宇宙的魂魄是亙古，大地的魂魄是天堂。

上天在上天心智之中，上天心智在魂魄之中，魂魄在物質之中，而他們通通都橫貫於亙古之中。

但是這整個宇宙（包含著萬物的軀體）裡充滿了上天魂魄，而上天魂魄裡充滿了上天心智，上天心智裡充滿了上天。

上天魂魄是從宇宙內部來充滿它，並從外在包圍它，而使萬物得以生存。

從外在，這個龐大並且完美的生命〔環繞著〕宇宙；從內在，它用所有的生命來充滿宇宙；在天堂，一切都停留在不變之中；而在人間，改變則一直處在發生當中。

5

亙古出於必要性、預知或天性、或是不管什麼樣的猜測都好，而保存這個〔宇宙〕。這所有的一切都是上天在提供能量。

上天的能量是沒有誰能夠超越的力量，這種力量完全是任何人間事物、天堂事物所不能比較的。

因此，噢，赫米斯，絕不要以為在天堂和人間有任何事物與上天相似，因為你會失去真相，因為沒有什麼能像無與倫比、單一、唯一的上天。

也不要以為有任何人或許能夠擁有上天的力量，生命、不朽和軀體變化不都是從他的一部分而來嗎？（除了那些出自於他本身的生靈之外，）難道他還創造了其他不源自於他的東西嗎？

上天並不懈怠，如果他會的話，〔那麼〕所有的東西都會缺乏活動力，因為他們的內在充滿了上天。

在任何一個宇宙裡，或任何其他地方，也都沒有「懈怠」的存在。因為「懈怠」不是一個能夠運用在創造或被創造的事物上的名詞。

6

不過，所有的事物，從以前到現在，必定都是被創造出來的，並且在性質上與每一個空間的影響力一致。因為它們的創造者就存在於它們的內在，不是只存在於它們其中之一裡，他也不只創造一種東西，而是創造萬物。

由於上天就是力量，所以他能從他所創造的事物內在供給能量，而不獨立於它們之外——儘管他所創造的事物臣服於他。

現在，透過我，注視著你所能看到的宇宙，仔仔細細地看著它的美——十足完美的天體，雖然沒有什麼比它更古老，但它永遠處在生命的年輕壯盛之時，不僅如此，它甚至愈來愈壯盛！

由於上天就是力量，所以他能從他所創造的事物內在供給能量，而不獨立於它們之外。

7

你再看那七個從屬世界，它們接受亙古的支配，而且它們各自演進的過程中都充滿了亙古！

〔你看〕萬物充滿了光明，而且任何地方都沒有火焰；對立與相異的融合與愛交織，因而產生了光明，又透過上天（萬善之父、所有秩序的領導者，以及七個守序世界的統治者）的能量而照耀人間。

〔你瞧〕月亮，是它們其中的先行者，是大自然的工具，而自然是其低等物質的轉化者！

〔看那〕大地座落在一切的中正央，它是宇宙之美的基礎，而宇宙是大地萬物的滋養者！

現在，你且仔細思考那不朽生命的數量，是多麼的宏大，然後再仔細思考那許許多多終將壽盡的凡人性命，以及那些折衷的、介於不朽〔生命〕與凡人性命之間者……

〔你再看看〕那循環運行的月亮。

8

那所有的生命都充滿了魂魄，並以合宜的方式受到魂魄的驅動；有些環繞著天堂而行，有些環繞著地球而行；〔觀察〕它們為什麼既不是左右移動，也不是上下移動。

一切都因創世而形成。至於我，親愛的赫米斯，你不用再聽聞我的事情。萬物因為擁有魂魄而受魂魄所推動，但在沒有人把它們集合在一起的情況下，它們不可能自行結合在一起，因此必須有一個這樣的人，而他必須是神聖的。

9

萬物的移動方式都不相同、外形也不相似，但是它們之間又存在著一個共同遵守的和諧速度，所以它們的創造者只有一個，不可能有兩個或兩個以上。

在「眾人」之間並不能維持單一秩序，而是弱者會同強者競爭，然後起而反抗爭鬥。

假如會遭逢變化或會死亡的生靈的創造者是別人（有別於不朽生命的創造者），他或許也會想創造出一些不朽的生命——就像不朽生命的創造者也會創造出終將死亡的生命一樣。

試想一下！假如有兩個創造者的話——一個是實體的，一個是魂魄，那麼誰才是創造工作的分配者？還有，如果他們兩者同時參與其中，那麼誰佔的比例比較大？

10

再想像一下，每個活生生的軀體都包含著魂魄和物質，無論（那個軀體）是不朽、會死或無理性的（生命）。

所有活生生的軀體都被賦予了魂魄，而另一方面，那些沒生命的形體，本身就只是物質。

類似的道理，魂魄在被創造者創造之後，就成了生命的來源，但是所有生命的來源最終其實是能使生命不朽的上天。

赫米斯：那麼我的問題是，首先，為什麼會死的生命不同於不朽的生命？其次，為什麼不朽的生命不會讓動物得到永生？

11 造物者便是上天

上天心智：首先，很明白的，有某個人做了這些事情；其次，很顯然的，這個人就是造物者。此外，魂魄、生命與物質也用於創造萬物。

赫米斯：但是，他是誰？

上天心智：除了獨一無二的上天，還會是誰？除了上天，還有誰能夠賦予生命魂魄？所以造物者便是上天。當你承認宇宙只有一個、太陽只有一個、月亮只有一個、神格只有一個時，你應該會期望上天也只有一個。要不然，假若有很多個上天，那會是最荒謬的事情！

12

他以許多〔方式〕創造萬物。上天創造生命、魂魄、不朽與軀體變化，所以你才能做許多事，這是多麼了不起的事情，不是嗎？

你可以看、可以說、可以聽、可以聞、可以嚐、可以摸到、可以走、可以想、可以呼吸。並不是一個人可以聞、另一個人可以走、再另一個人可以想、又另一個人可以呼吸，而是一個人就能夠做這所有的事。

但是，這些能力之中沒有一個可以與上天脫離關係。因為，假使你終止了這些能力，你就不再是一個活生生的東西，同理，假使上天終止了與這些能力的關係（不可說之事），他就不再是上天。

13

若「沒有東西是〔懈怠的〕P154」已得到證實，那麼上天又是多麼的不懈怠？如果有任何他不創造的東西（假如允許這麼說的話），他就是不完美的。

但是，如果他不僅不懈怠，而且完美，那麼他便會創造一切事物。

把你自己交給我，赫米斯，只消片刻，你就更容易了解上天的傑作是為了創造萬物而創造、或已被創造、或未來將被創造；那便是我所鍾愛的生命，那便是美，那便是善，那便是上天。

14

如果你要在實際上了解〔這項工作〕，便看看意欲身為人父的你所發生的事。雖然這與那項工作不同，上天並不樂在其中。

因為真的沒有人能分擔他的工作，他獨自工作，他永遠在工作，他自己便是他的成就。如果他將自己從工作中抽離開來，〔那麼〕結果是萬物崩解，一切滅亡，生命停息。

但是，萬物生生不息，萬物皆有生命，生命的來源只有一個，而那個來源就是上天。再者，假如萬物皆有生命，無論在天堂或大地，他們內在的生命都由上天所創造，所以上天就是生命，萬物都是由上天創造出來的。

生命是心智和魂魄的結合，同樣的道理，死亡並非這些結合的滅亡，而是組合的分解。

萬物皆由上天的思想而起

15

再者，亙古是上天的化身，宇宙是亙古的化身，太陽是宇宙的化身，而人類是太陽的化身。

人們把軀體變化稱做死亡，因為軀體被分解了；還有生命，當它消逝時便退回於隱晦之中。但在這篇佈道裡，我鍾愛的赫米斯，如你所聽到的，宇宙也會遭逢變化——因為它的其中一部分每天都會退回於隱晦之中，然而它從不會分解。

這便是宇宙的欲念——週而復始與隱退；週而復始是一種轉換，而隱退是為了修復更新。

生命是心智和魂魄的結合，同樣的道理，死亡並非這些結合的滅亡，而是組合的分解。

16

宇宙是萬物的形成者，在它的外部並沒有其他形體，所有的形體會在它的內部受到改變。既然宇宙是被創造成萬物的形成者，那麼，它的創造者會是誰？一方面，上天並非不具任何形體，另一方面，他又具備所有的形體。假如他具備了所有的形體，他就會像宇宙一樣。然而，我再說一次，他只有一個形體，所以他比宇宙還小。

那麼，我們所說的「他」是什麼樣的人？我們不會對我們佈道的觀點有所懷疑，心智對上天所抱持的想法也不該有所懷疑。

上天只有一個形體，即他自己，只不過肉眼無法察覺，因為它是無形的，而且所有〔的形體〕會透過有形而彰顯。你無需對無形的形體感到訝異。

17

這就像理性（道）的表現和畫中的山峰一樣，兩者都極為突出，然而實際上，它們卻相當溫和平穩。現在好好思考一下，這些大膽提出的言論，其實更為真切！

就像人類不能缺乏生命而活著一樣，上天也不能不為善而存在。人生的道理便是這樣，上天也是如此——令萬物運行與活著。

18

我們所提過的那些事情自有其獨特的道理，了解到這一點，才能理解我接下來所要說的話。

萬物皆在上天之中，〔但是〕並不像靜置於某個場所那樣。場所是具有形體的，也是固定不變的，而靜置的東西是無移動變化的。

現在，事物一方面處於無形之中，一方面又得以顯現。

〔那麼〕想想包含這些事物的上天，然後也想一想，再也沒有什麼比無形更無所不包，或者更迅速，或者力量更大，它是所有事物中最包容、最迅速、力量最大的。

沒有什麼比無形更無所不包，它是所有事物中最包容、最迅速、力量最大的。

19

所以，你要發自內心地思考，吩咐你的魂魄通往任何陸地，但是在你未及開口時，你的魂魄已迅速抵達目的地。然後你吩咐它通往海洋，那麼它會再度立即達到目的地，就像它本就在那裡似的，而不是一步步的移動。

然後你再吩咐它從山上通往天堂，它不會需要翅膀，也不會受到任何事物的阻撓，例如太陽的烈焰、乙太、太陽系的渦流、和其他星體等等；反之，它會貫穿而過，飛升到整個宇宙的極限之處。假如你也願意穿越宇宙，並且思考得更深遠（天堂之上的事物——如果有的話），你就能夠做到。

20

你瞧自己的力量是多麼的強大，速度是多麼的迅速！而且連你都能做到這些事情，難道上天會不能？

你由此可知上天，萬物在他之中皆自思想而起，宇宙亦如是。

假如你不令自己與上天相似，你便無法知曉上天，因為一切只能為相似者所知。你要讓自己成長到超越一切程度的高超境界，超群出眾，超越一切時間，成為永恆（亙古），然後你才會知曉上天。

去設想沒有事情對你來說是不可能的，去想像你自己是不朽的，並且能知曉一切——一切的人文與科學，所有生命的道理。

你要比所有的高山都崇高，比所有的深淵都謙卑。你要匯聚〔所有〕〔屬火、〔和〕屬水，包括乾與溼的〕生靈的所有辨別力。想像你同時身在四處——在地上、在海中、在天上；尚未出生、在母親的子宮裡、年輕、年老、死亡，以及死後的環境。

如果你能同時覺察到這些事情——時間、地點、行為、質與量；你就能知曉上天。

21

但是，如果你把魂魄禁錮在你的軀體之中，並且貶抑它說：「我什麼都不知道，我什麼也不能做，我恐懼海洋，我無法攀登上天，我不知道自己是誰，也不知道自己將要成為什麼樣的人……」〔那麼，〕在你和〔你的〕上天之間，還有什麼共通之處？

只要你眷戀著你的軀體並且為惡，你便無法知道任何的美善之事。

世間最大的惡事，便是不知上天之善。能知〔善〕，並且願意也希望，才是一條暢通大道，再加上善之大道，兩者便捷地引領至上天之善。

假如你立刻行動，你將無處不逢善，無處不見善，它在你不預期之處、不預期之時出現——清醒、沉睡、出航、旅行、夜晚、日間、說話、〔和〕沉默時。沒有什麼不反映出善的形象。

22

赫米斯：上天是不可見的嗎？

上天心智：快別這麼說！還有誰比他更顯明？為了這個理由他創造了萬物，透過萬物你就能看見他。

世間最大的惡事，便是不知上天之善。能知〔善〕，並且願意也希望，才是一條暢通大道。

這便是上天的善，這〔便是〕他的美德——他透過萬物而彰顯其道。沒有事物是不可見的，即使是無形的東西。上天心智在思考中看見自己，上天在創造中看見自己。

到目前為止，我已將這些道理呈現給你，三倍偉大的赫米斯！你要以同樣方式推及其他，切不可誤入歧途。

12

關於一般心智

不朽的生命隱藏在上天心智中

本篇對話中的「一般心智」，如同在赫米斯文獻其他部分裡所描述的上天力量，指的也是上天心智。「善之神靈」亦相同，這一詞被引用於本章好幾處，而且也在其他地方出現過。

希臘文的「logos」（除了有「聖言」和「道理」兩種意思外，也有其他含意）是論據的重點，遺憾的是，在英文中並沒有一個適當的字可以表達出同樣複雜的意義。第十三至十四節中的理性讚美詩也是一樣，那是以人類語言表達的讚頌詩歌，這種雙關意義可見於本篇及其他赫米斯文獻中。

——約翰・麥可・格里爾

上天心智引導人的魂魄

1

赫米斯：噢，塔特，上天心智就是神的本質（假如這是我們所能用的對上天表達尊重的詞彙），那是什麼樣的東西，只有它自己最清楚。上天心智並未與上天的本質分離，而是合而為一，就像日光和太陽一樣。

在人類內心的上天心智便是上天，基於這個原故，有些人類是神，而他們的人性中帶有神格。

善之神靈曾說過：「諸神是不朽的人類，而人類是命數有終的諸神。」

2

在無理性的生靈中，上天心智就是他們的天性。

因為只要有魂魄，就會有心智；就像只要有生命，就會有魂魄一樣。

然而，在無理性的生靈中，他們的魂魄是缺乏心智的生命；因為上天心智是人類魂魄的有益內在動力——上天心智為了人類著想而從內在影響他們。

在無理性的生靈中，上天心智與他們每一個生靈的天性協調配合；但是在人類的魂魄中，上天心智抵消他們的墮落天性。

因為每一個魂魄，當它變得具體時，就立即因歡樂和痛苦而變得墮落。因為在一個複合（像果汁一樣的混合）的軀體內，痛苦和歡樂在翻騰騷動，而進入軀體的魂魄，在一進入時就陷入騷動之中。

3

上天心智支配著各種魂魄，他與他們所執迷之事反其道而行，來向魂魄展現自己的光芒。

就像一位良醫為一個病態執迷的人所做的一樣，為了健康著想而加諸痛苦，施以燒灼或切割手術。

上天心智支配著各種魂魄，他與他們所執迷之事反其道而行，就像一位良醫為一個病態執迷的人施以燒灼或切割手術。

同樣的，當魂魄病之已亟時，上天心智將痛苦加諸魂魄之上來挽救它，以免陷於淫樂。

魂魄的最大毛病在於不敬神明，並且想像著所有邪惡之事，毫無善念。而上天心智便會反其道而行，用善來影響它，就像醫生讓病人恢復健康那樣。

4

人類魂魄只要沒有上天心智的引導，他們的命運便與無理性的生靈殊途同歸，一律過著不理性的生活。

當〈上天心智〉成為人類的魂魄合作者，令出生者〈的魂魄〉充分發展出各種欲望——在不理性的情況下濫用出於衝動的欲望；〈以至於那些人類魂魄〉，就像無理性的動物一樣不講道理，不會停止憤怒，也不會停止貪欲，他們對於犯錯也從來不感到厭膩。

由於激情和不理性的欲望都是沉疴，所以上天要派遣上天心智負責裁判和行刑者的工作。

5

塔特：若是那樣，父親，你之前給我關於命運的講授（道）豈非要被推翻？如果做出了私通、悖理逆天或其他邪惡之事註定是某個人的命運，那為什麼還要懲罰他——當他的行為是出自於必要的命運之時？

赫米斯：孩子，所有的結果都出自於命運，假使沒有命運，便沒有任何世俗之事（無論善惡）能夠實現。

但若有人遭受苦痛，那也是他該承受的命運。他基於這個原因而作為——他會承受他所該承受的，因為他犯下了過錯。

6

不過在此刻，〔塔特，〕就把那個講授歸於關於命運的次要講授，因為我們曾在〔我們〕其他的佈道中講過這些事情；但是現在我們的講授（道）是關於上天心智：（上天心智能做什麼，以及它為什麼〔如此的〕與眾不同）在各種人的身上，和在〔如此〕多變的不理性生靈身上；〔然後，〕再者，對於不理性的生靈來說，那並不是一種有利的天性，但是對於人類來說，它能夠抑制憤怒和貪欲的元素。

還有，我們必須把人類分類為受理性指引的，和受非理性指引的兩種人。

7

不過，所有的人類都要臣服於命運，還有出生和死亡，因為它們是命運的開始與結束。

雖然所有人類都會遭遇命運註定之事，但那些受理性所指引的人（我們所說由上天心智引導的人）不用忍受像其他人那樣的痛苦。

反之，由於他們不讓自己受到邪惡的控制，也就是不為惡，所以他們不會遭受惡果。

塔特：父親，你能再次解釋話中之意嗎？難道私通者不是惡人，謀殺者不是惡人，其他犯罪之人也不是惡人？

赫米斯：〔我的意思不是這樣，〕孩子，受上天心智引導的人，雖然不是私通者，但也會遭受好像他犯了私通罪的那種苦痛，而且雖然他不是謀殺者，但也會遭受好像他犯了謀殺罪的那種苦痛。

他無法避免死亡，就像他避免不了出生一樣。不過擁有上天心智的人，是可以讓自己不受邪惡控制的。

8

孩子，我也聽善之神靈說過（要是他有寫成文字傳世，便能對人類有極大的幫助；孩子，因為他一如第一位神明——上天——一樣，真正能眼觀萬物，口傳聖言——道））：

「萬物一體，而且大部分的形體為唯有心智能察覺者。我們的生命要歸因於〔上天的〕能量、力量和亙古。

他的心智是良善的，他的魂魄也是良善的。因為如此，所以僅能以心智感知的事物是不可與上天本質分離的。是故，身為萬物統治者和上天魂魄的上天心智，能夠隨心所欲而為。」

9

你要了解這個道理，並將此言（道）帶回你之前所問的問題上——我指的是關於上天心智的命運。

孩子，如果你能正確做到消弭（所有）強詞奪理的爭辯，你將會發現每一個關於上天心智——也就是上天的魂魄——支配萬物的真相（支配命運、法則和其他一切事物，對它而言，沒有什麼是不可能的），既不將人類的魂魄置於命運之上，也不讓它在命運的支配下卻不受照拂。我解釋善之神靈的善言，目前為止到這裡已足夠了。

塔特：是的，父親，神聖之言說得既真切又有益，但仍請你為我做更進一步的說明。

10

你說，上天心智在不理性的生靈身上，運作得一如它們的天性，與它們的衝動密切契合。但是不理性的生靈的衝動，在我認為，是欲念。現在，如果上天心智與〔這些〕衝動密切契合，而且如果不理性〔生靈〕的衝動是欲念，那麼上天心智不就會受到欲念的影響而成了欲念？

赫米斯：問的好，孩子！你的質疑很鄭重，那麼我也要〔鄭重的〕回答你。

11

所有無形的東西，當它們在有形的軀體裡時，都會屈服於欲念，而且在正常的情況下，它們〔本身〕都是充滿欲望的。因為所有行動自如者都是無形的，而每一個受到驅動的都不過是軀體罷了。

而無形之物又是受到上天心智的驅動，行動就是它的欲念。所以，無形之物和有形軀體都屈服於欲念——行動者與被動者，前者是支配者，後者是受支配的。不過，當一個人將自己從軀體中釋放出來時，他就免除了欲念。更精確的說，孩子，沒有什麼是不會受到外在影響的，一切都會被外力感染。

不過，受苦仍舊是有別於易受影響的；因為一個是主動，另一個則是被動。再者，無形者的作用可及於自身，它們不是靜止不動的，就是被推動著。但不管是哪一種，那就是欲望。可是，軀體必定是接受作用者，因此它們是易受影響而有欲望的。

你別讓這些詞彙搞混了，行動和欲望是同一件事情，但是使用稍微浮誇的詞彙並無妨。

生命的不朽來自上天心智

12

塔特：父親，你解釋得非常清楚，請繼續訓示（道）。

赫米斯：孩子，你也思考一下這一點：

上天賜予人類兩件東西，是所有生命有限的生靈都沒有的——那便是足以與不朽匹敵的心智和語言（講道），所以人類擁有能夠知曉上天的心智和讚頌上天的語言。

假如一個人在應當之處使用了這兩者，他與不朽的諸神就沒有絲毫的差別。不僅如此，在脫離軀體的時候，他將會被這一雙能力引導至諸神之列。

13

塔特：可是，父親，為什麼其他的生靈無法使用語言（講道）！

赫米斯：它們不使用語言，孩子，而是使用聲音，但聲音遠不同於語言。語言在所有人類中是很普遍的，而不同種類的生靈之間，彼此的聲音都不相同。

塔特：可是，父親，人類由於種族不同，語言也不相同。

赫米斯：是的，孩子，但是人類是合而為一的，語言也是合而為一的，只是要再透過翻譯；在埃及、波斯和希臘所發現的語言都是一樣的。

孩子，你似乎忽略了理性（道）的價值和偉大。上天和善之神靈曾經如此宣示過：

「魂魄在軀體之中，心智在魂魄之中；理性（道）在心智之中，心智在上天之中；上天就是〔所有〕這一切的天父。」

14

而且，理性是上天心智的化身，上天心智是上天的化身；軀體是形體的化身，形體是魂魄的化身。物質中最微妙的部分是空氣（或是生命之靈），空氣中最微妙的部分是魂魄，魂魄中最微妙的部分是上天心智，而上天心智中最微妙的部分是上天。

必然性、天意和天性，是宇宙秩序和物質秩序的工具；每一個僅能以心智理解的東西，其工具是本質，而同一性便是它們的本質。

世界上有許多個宇宙體，藉著具有同一性，〔這些〕組合而成的宇宙體，儘管它們自身會產生變化，但仍保持著同一性的不腐化。

15

在所有其他組合而成的宇宙體中，每一個都有一個特定的數字，因為若沒有數字，就不可能有結構，也不可能有組成或分解。能夠產生數字和增加數字的是單元，而且在被分解之後，單元又恢復到原來的狀態。

物質是一體的，而且這整個宇宙（是偉大的上天和亙古的化身，也是天父的意志和秩序的保存者，兩者與上天合而為一）間都充滿了生命。

穿越整個由天父（無止境地）重建的亙古（並不是全部，也不是部分），任何死亡的東西並不存在於其中。因為已經死亡的東西，不曾、也不會存在於（這個）宇宙間。因為天父意欲宇宙得享天命，所以必定有上天的存在。

16

孩子，我來問你，已死的東西怎麼可能存在於上天之中、存在於天父的形象之中、存在於一個完全的生命之中？

死亡就是腐化，腐化就是毀滅。不朽者的任何一部分怎麼可能腐化，或者上天的任何一絲一毫怎麼可能毀滅？

塔特：父親，存在於不朽者之中的生命，因為是不朽者的一部分，所以不會死亡嗎？

赫米斯：快別這麼說！孩子！那是用詞上所發生的錯誤。他們並不是死亡，孩子，而是混合而成的軀體被分解了。分解並非死亡，而是將混合物分解；分解並非毀滅，而是為了新生。生命的活動性是什麼？不是運轉嗎？那麼，你認為會有什麼是在宇宙之中而不會運轉的？孩子，並沒有這樣的東西！

17

塔特：父親，從你的角度來看，大地不是沒在運轉嗎？

赫米斯：孩子，並非如此。大地是唯一雖然運轉得非常迅速、但同時卻也很穩定的東西。

倘若萬物之母不會運轉，但同時她又能哺育萬物，這種想法難道不讓人覺得可笑？

因為一個東西不能運行、但卻能哺育，這是不可能的事情。

假如你問：「第四部分（或元素）是否並非無生命的？」這是最荒謬之事。因為一個沒有動力的軀體所能傳遞的訊息，就是無生命。

18

孩子，一般說來，宇宙間的萬物被推動的結果，不是增加便是減少。持續運行者，便持續活著；但活著的，不見得都一樣。

宇宙做為一個整體，並不臣服於變化，孩子。但是同時間，它所有的各部分又會受到變化的影響。它的任何一部分，都不會走向腐化或毀滅。

人們往往被詞彙混淆了。

構成生命的，並不是起源，而是知覺能力；造成死亡的，並不是變化，而是疏忽。

構成生命的並不是起源，而是知覺能力；造成死亡的並不是變化，而是疏忽。

那麼，既然這些東西是這個樣子，所以它們是所有不朽的——物質、生命、靈、心智和魂魄等有生命的一切所組成的。

19

所以無論任何生命，都要將它的不朽歸因於上天心智，尤其是人類，因為他是上天的接受者，與上天有相同的本質。

上天只與這樣的生靈結交；在夜間透過夢境，在日間透過預兆，以及透過所有他對人類所做的預言之事——藉著鳥類、藉著內心交流、藉著風、藉著樹。

因此，人類才會宣稱有知曉過去、現在和未來的能力。

20

孩子，你也要注意到，每一種生靈都居住在宇宙的某一個地方——水棲的居住在水中，陸棲的居住在地上，飛行的生活在空中，但人類這幾種地方都使用到了——陸地、水、空中、（和）火；他也看到了天堂，並且用（他的）感知能力與之接觸。其實上天就在我們四周，滲透了一切，因為他就是能量和力量；而且，孩子，懷想上天並不是什麼困難的事。

21

但是如果你想像他也會沉思，便瞧那宇宙的秩序，和（看看）其秩序有條不紊的行為（這裡玩了一個關於「宇宙」的文字遊戲，宇宙在此的意思是「秩序、安排」）；你瞧事物的必要性得到彰顯，（瞧）那事物的天意浮現，於是事物現世；你瞧物質全部充滿了生命，（你瞧）這是多棒的事——上天與所有的善良和崇高者（諸神、神靈和人類）一起在運行中。

塔特：噢，父親，但這些都是純粹的能量！

赫米斯：如果它們是純粹的能量，那麼，孩子，除了上天之外，還有誰能賦予它們能量？

或者你忽略了，就像天堂、大地、水、空氣是宇宙的一部分一樣，生命和不朽、〔以及〕能量、靈、必然性、天意、自然、魂魄、上天心智和持久（也就是亙古或永恆）等被稱為善的這所有一切，也都是上天的一部分？

沒有東西是生來不屬於上天的一部分的。

22

塔特：那麼，父親，上天在物質之中嗎？

赫米斯：孩子，如果你把空間的性質歸類為物質，那麼物質是與上天分離的。但是，假如它沒有被賦予能量，除了是一堆團塊之外，你還認為它是什麼？假如它被賦予能量，又會是誰做的呢？因為我們說，能量是上天的一部分。

那麼，是誰賦予萬物生命？是誰使不朽之物具有不朽性？是誰令變化之物具有可變性？

不管你是否提到了物質、軀體或本質，你要知道，這些也都是上天的能量；而且物質的存在性就是物質的能量，形體的存在性就是軀體的能量，實質性構成了本質的能量。

而這便是上天——造物者。

23

出自於造物者的一切，沒有什麼不屬於上天。因此，上天既不被大小包圍著，也不被空間、特質、形式或時間包圍著；因為上天是造物者，所以是造物者包圍著萬物，也滲透於萬物之中。

基於這樣的理由（道），孩子，你要做到敬仰與崇拜。敬仰上天只有一個方法，〔那〕就是不要為惡。

13

山間祕密佈道

何謂重生？

本篇對話在許多方面是整本文集的高潮，不但為赫米斯體系的理論做了總結，同時在實務上，它的一窺究竟也激發了讀者的興趣。本篇對話的焦點是重生的經驗，其中牽涉了在內心用十種上天力量取代十二項痛苦根源，以達到對自我和上天的知識覺醒。

本篇的「神祕讚美詩」（第十七～二十節）是崇敬上天的連禱文，每天唸頌兩次，分別在日出和日落之時。值得注意的是，在日出時要面對東方做禮拜儀式，日落時則要面對南方——自法老時代以降，埃及傳統便將西方視為死亡的方向。

英文譯文中出現的多義希臘字「logos」（道），再加上米德不流暢的文風，是常見的疑難處。

此外，在第十二節裡也可以看到米德所使用的遁辭之一，他將十二項痛苦根源譯為「十二種生命形式」；這點應該更簡單、且更精確地譯為「黃道帶的十二個徵兆」。這裡也許也牽涉了神智學對占星學的排斥。

——約翰・麥可・格里爾

1

塔特：父親，〔現在〕你在總佈道中關於神性的講授是最含糊且令我感到困惑的，當你說在重生之前沒有人能得到救贖時，你的話有所隱含。

父親，自從我們赴山中、你對我講道之後，我成了在你面苦苦求道的人，我渴望學習關於重生的訓示（道）（這是所有事情之中我唯一不懂的），你說過你會為我說明——

「當你對世界變得陌生之時。」

因此我已準備好，並且讓我自己在思想上對這個虛幻世界變得陌生。

現在，你要以你所說過的重生的傳統思想，來填補我心中所短缺的事物，你將開始講授或以祕密之法傳授。

噢，三倍偉大的智者，我不知道人類是出自於什麼樣的素材、或發源地、或根源。

2

赫米斯：有智慧者能在沉默中有所領悟（人類所出自的素材和發源地），而真實的善便是種子。

塔特：誰是播種者，父親？我感到一片茫然。

赫米斯：孩子，是上天的意志。

塔特：父親，出生的人類算是什麼樣的人？我的內在，並不含有那種本質的一部分，那種本質，已經超越了感官能力。出生的人類會是又一個出自上天的人嗎？是上天之子嗎？

赫米斯：萬物自在造物者之中，出自於所有力量的結合。

塔特：你說的話像謎語一般，並不像一個父親對孩子所說的話。

赫米斯：孩子，人類從未得到教導。但是當上天意欲之時，他便會恢復人類的記憶。

萬物自在造物者之中，出自於所有力量的結合。

3

塔特：你在說不可能的事情，噢，父親，這說法太牽強了。我把你的答案直接帶到這些事情之上，那麼，我便是與我父親不同種族的孩子了？父親，別對我有所保留。尋求真相是我的天性，請向我解釋重生之術。

赫米斯：孩子，我還能說什麼？我只能這麼告訴你，每當我從自己內心看到在上天的恩待下而產生的簡單景象，我就穿越自我而進入一個永恆不朽的軀體。現在的我已不同於以前的我，我出生於上天心智之中。

這層領悟並不靠教導而來，也不能透過凡人的肉眼而看見。我從前的組成形式已經分解，我不再受外在影響情感，而是擁有自己的格調。我也有自己的特點，而且現在我已不同於眾人。

孩子，你用雙眼看見我，但即使你用盡全身的力氣和理解力，你也不了解我的本質。

4

塔特：你真的令我陷入了強烈的心煩意亂的地步，父親，因為現在我不再了解自己。

赫米斯：孩子，我想你已經穿越了你的自我，就像凡人在睡夢中或半夢半醒時一樣。

塔特：也告訴我這一點！誰是重生的幕後推手？

赫米斯：上天之子啊，答案就是上天，透過上天的意志。

5

塔特：父親，你已讓我感到完全不知所措。這是我前所未有的感覺，……（原文在此處缺文）；〔現在〕我了解你的偉大是與你的才能一樣崇高的。

赫米斯：即使在這個軀體裡，你也是不真實的。凡人的軀體每一天都有所變化，隨著時間而成長和衰退，因為它是一個不真實的東西。

6

塔特：那麼什麼才是真實的，三倍偉大的智者？

赫米斯：孩子，它從不被混淆，不能被定義，它沒有顏色，沒有任何形狀，不被改變，沒有外衣，但給予光明，它〔只〕為自己所理解，它不用承受變化，沒有任何人可以包含它。

塔特：說真的，我已失去了判斷力，父親。當我認為被你點化開竅之時，我卻發現我的心智知覺被堵塞住了。

赫米斯：孩子，情況就是這樣：像火一樣向上竄生，抑或像大地一樣向下降世，像水一樣的潮溼，抑或像空中的風一樣的吹動，這一切全都是可以感知到的事情。

但是，你怎麼能夠用感官感覺到這樣的東西呢——既不堅硬，也不溼軟；不能被捆束，或不能被鬆開，只有化為力量和能量的時候，人類才能有點概念……

即使如此，它也希望有人能夠感知上天創造事物的方法？

塔特：噢，父親，要是我對此無能為力呢？

赫米斯：不，但願不會發生這種事，孩子！向你的內在尋求，它便會出現、便會實現；拋卻肉體的感覺，你的神性便會油然而生；消除你心中痛苦的根源——罣礙。

塔特：噢，父親，那麼我的心中有痛苦的根源嗎？

赫米斯：當然，還不少。不僅如此，而且是令你恐懼的、各種各樣的。

塔特：但我不清楚那些痛苦根源，父親。

赫米斯：痛苦根源的第一項是無知，第二項是憂傷，第三項是不知節制，第四是性欲強烈，第五是邪惡，第六是貪婪，第七是犯錯，第八是嫉妒，第九是奸險，第十是憤怒，第十一是魯莽，第十二是怨恨。痛苦的根源總共有十二大項，然而在它們之下還有更多小項目，孩子，而且它們會悄悄地蔓延遍佈於人類所被迫禁錮的身體籠牢裡，讓他用肉體感官去承受那些痛苦。但是它們會遠離（雖然不是立即）受上天憐憫眷顧之人，而這就是構成重生之術。

拋卻肉體的感覺，你的神性便會油然而生。

此外……（原文在此處缺文）理性（道）。

8

現在，孩子，你要保持平靜莊重的沉默！如此一來，來自上天、湧向我們的慈悲才會源源不絕。噢，孩子，從今以後喜樂降臨，透過上天的力量你受到淨化而與理性（道）接軌。

上天的靈知已走向我們，當這天來臨時，孩子，無知便被摒棄。靈知的喜悅已走向我們，當它來臨時，孩子，憂傷將會逃回它來時之處。我祈求隨喜悅而來的力量，是你的自制力。噢，那是最甜美的力量！讓我們以最歡欣的心情迎接它，孩子！隨著它的到來，不節制將被放逐！

9

現在是第四項，要禁欲，我召喚力量去對抗欲望。

（原文在此處缺文）這個階段，孩子，是正直所要堅守的陣地。因為倘若失去了判斷力（別的譯者將此處譯為「倘若不努力」），她何以驅逐不正直。孩子，不正直遠離了，我們才能擁有正直的天性。

我第六個要召喚的力量，是對抗貪婪的力量——慷慨。

既然貪婪已遠離，我要召喚真理。然後錯誤奔逃，只有真理與我們同在。

一旦真理來臨，你瞧善（的程度）是多麼的完滿，孩子。因為嫉妒已遠離我們，而善已與真理、生命和光明結合在一起。

現在，沒有任何黑暗的痛苦根源敢大膽接近，它們皆在被擊敗後落荒而逃。

10

孩子，（現在）你知道重生之術了。當第十項痛苦根源來臨時，孩子，就會推動第十二項的出現，新世紀於焉完成，透過這樣的誕生，我們被創造成諸神。

能夠拋棄肉體感覺、知道自己是由光明和生命所構成的人，才會充滿上天的祝福，才會由於上天的慈悲而獲得新生。

11

塔特：父親，上天使我堅定不移，我看事物不再囿限於眼前所見的景象，而會使用上天心智透過上天力量所賦予我的能量。

我在天堂，在大地，在水中，在空中；我在動物裡、在植物裡；我在母親的子宮裡，進入子宮之前，出去子宮之後——

我無所不在！

請再告訴我這一點：

那十二項黑暗的痛苦根源是怎麼被十種上天之力所驅逐的呢？那是怎麼做到的，三倍偉大的智者？

12

赫米斯：孩子，我們通過的這個居所（人類軀體）是由十二種生命形式的循環所組成，由十二種元素構成，但只屬於一種本質，一個具各形態的概念。人類有種錯覺，認為它們是分離的，孩子，但它們的行動是一體的。不僅我們無法將魯莽與憤怒分離開來，甚至這兩者也並非無法區別的。

根據正確的理性（道），它們（十二項痛苦根源）會徹底地自然離開，不亞於被十種力量——也就是十種上天之力——驅逐的程度。

孩子，十種上天之力便是賜予魂魄誕生的力量。生命和光明在那時結合，上天便從靈滲入人體。根據理性（道），上天包含著十種上天之力，上天之力包含著上天。

13

塔特：父親，我看見造物者，我看見自己在上天心智之中。

赫米斯：孩子，這就是重生——不再從肉體的角度去看待事物（將事物看成在空間中三向延伸的東西）……（原文在此處缺文），雖然這篇訓示（道）是在講述重生，但是我不加以評論，以免成了向大眾誹謗造物者的人，上天也決意我們不該如此。

這就是重生——不再從肉體的角度看事物。

重生的軀體是不死的

14

塔特：父親，這個由上天之力創造的重生軀體，會有崩解的時候嗎？

赫米斯：噓（，孩子）！別說些不可能的事情！否則你將致罪，你的心靈之眼也會被蒙蔽。我們感官所認知到的自然軀體，遠遠脫離了這種實質的誕生。第一個軀體必定會崩解，最後一個軀體永遠不可能崩解；第一個軀體必定會死亡，最後一個軀體是死亡永遠不可觸及的。

你不知道自己生來就是一個神、造物者之子，就連我也是嗎？

15

塔特：噢，父親，我會聆聽你所說，當你與八大上天之力同在時所聽到的讚美詩歌。

赫米斯：就像牧人者所預言的八大上天之力，孩子（，當我來到它們面前時，我便會那樣）。

你要趕緊「轉移陣地」（脫離肉體的束縛），因為你生來純潔。

牧人者，萬能的上天心智，以口傳授我而未留下文字，因為他十分清楚我能夠透徹地學習，並且聽進我應該聽的，以及看清所有事物。

他將造物者的美善之物留給我，因此，我內在有了上天之力。它們也在萬物之中，開口唱著讚頌上天的詩歌。

16

塔特：父親，我也想聽，我渴望知道這些事情。

赫米斯：冷靜，孩子。

既然聽讚美詩是保持（魂魄）和諧的，所以我不認為現在適合告訴你關於重生的聖歌，因為你還沒來到一切的盡頭。

所以我還不教導你這一點，只是默默的保留起來。

到時候，孩子，你要站在暴露於天空下的位置，面對南風的吹拂，約莫在夕陽西沉之時，然後進行你的禮敬儀式，在太陽升起時也要做類似的儀式，但要面對東方。

而此刻——

孩子，要冷靜！

祕密讚美詩

17

讓世界萬物都收到我的讚美詩所表達的意念！

大地，敞開你的心胸！為我抽開每個難測深淵的門栓。

樹啊，切莫騷動！

我就要讚頌生靈之主，他是造物者，也是唯一的上天。

我要唱歌讚頌創造世間萬物的上天，他鋪設大地，高懸天堂，命令海洋供甜美的水（給大地），給棲息和不棲息在海洋中的生靈，以滿足每個人的需求和使用；而人類發明火以照耀諸神和人類的每個行動。

讓我們一起讚頌他，天堂裡的極崇高者，萬物之主！

他便是心靈之眼，但願他接受身具上天之力的我的讚美！

18

那些力量在我內心，歌頌著上天和造物者；我內在的所有力量，跟隨我的意志一起歌頌！

噢，至福的靈知，由你所啟發，讚頌的歌聲穿越唯有心智能看見的光明，我歡欣於上天心智的喜悅。

所有的上天之力，隨我歌頌吧！

歌頌吧，我的自制力。

透過我的口歌頌吧，我的正直，讚頌正直。

歌頌吧，我的慷慨，讚頌造物者。
透過我的口歌頌吧，真理，讚頌真理！
歌頌吧，噢，善！噢，善！
噢，生命和光明，我們對你們的讚頌源源不絕！
天父，我要感謝你，感謝你將你的能量化為我所有的力量；我要感謝你，
噢，上天，感謝你將你的力量化為我所有的能量！

19

你的理性（道）透過我吟唱著你的讚美詩，透過我而使造物者呈現於（你的）理性之中——
（我的）理性的供奉！
我內在的上天之力在吶喊，它們歌頌著你的讚美詩，你便是萬物之主；它們跟隨你的意志。
你的意志源自於你，你便是造物者，接受所有來自上天之力的理性供奉。

造物者在我們心中——
噢，維持著生命，噢，揭露了光明。
噢，上天，靈就在生命和光明之中。
你的心智化做牧人者以傳達你的聖言。
噢，你便是將靈賦予萬物的造物者。

20

〔因為〕你是上天，於是你的子民穿越火、穿越天空、穿越大地、穿越水、穿越靈、穿越你所造的生靈向你呼喊。

從你的亙古之中，我發現了如何傳達讚頌之意；在你的意志（我所研究的對象）之中，我尋得了安寧。

塔特：噢，父親，在你興致好的時候，我曾見過你吟唱這首讚美詩；我已將它烙印在我的世界裡。

赫米斯：說說看唯有你的心智能看到的世界，孩子。

塔特：好的，父親。在唯有我的心智能看到的世界裡，由於你的詩歌，我已能有所為。由於你的讚美詩，我的心智得到啟發。

不過，更進一步的，我也會從我的自然心智裡，向上天傳達讚美之意。

21

赫米斯：但務必要深切留心，孩子。

塔特：好的。

我口中所說的，便是我在心智之中所看到的。對於你，讓我降世出生、一如父親的上天，我，塔特，要獻上理性的供奉。噢，上天，天父，你是萬物之主，你是上天心智。請接受我理性的供奉（如你所願）；由於你的意志，萬物皆臻至完美。

赫米斯：孩子，為上天——萬物之父——獻上他所能接納的供奉；但是，孩子，需要「透過聖言（道）」。

塔特：父親，我向你致謝，因為你為我示範如何吟唱這些讚美詩。

22

赫米斯：孩子，我很高興你已帶來了真理的甜美果實、不朽的果實。既然你已從我這裡學習到這一課，你要允諾絕口不提自己的美德。孩子，將重生之術傳授於你之事不要告訴任何人，以免我們被當做誹謗者。現在，我做為講者，你做為聽者，我們兩個都已付出十分的用心。在上天心智之中，你已成為你自己和我們〔大家的〕天父的認知者。

14

赫米斯致亞希彼斯書信

上天與萬物的關係

祝亞希彼斯身心健康！

上天與萬物本為一體

1

你不在的時候，因為我的兒子塔特十分渴望了解事物的本質，而且不願稍有耽擱——

這是〔在學說上〕剛獲得靈知的年輕小伙子很自然的表現——所以，我不得不〔為他〕多講解一些。

這是為了讓他能更容易地研究和思考學說。

不過，我會挑出其中最重要的部分，簡明扼要的寫下來。

我將更完整深入的說明，使你了解一個偉大的時代，以及一個深諳宇宙本質的角色。

2

假如所有看得見的東西都是被創造出來的，而且不是由它們自己創造自己，而是另有一個造物者。〔假如〕被創造出來的東西非常多，甚至多到無可勝數的程度，所有的東西都是肉眼可見、各不相同、也各不相似的；萬物皆是由他人〔而非自己〕所創造出來的——那一定是有一個創造它們的人，而且這個創造者不能被創造，他只是比萬物出現的時間更古早。

對於那些被創造出來的東西，我說，是由〔它們本身之外的〕一位造物者所創造的，它們的存在歸因於那位造物者，沒有東西能比萬物的出現更古老，除了那一位不能被創造的造物者。

3

所以他至高無上，是獨一無二的造物者，具有知曉萬物的真實智慧，沒任何東西比他〔的出現〕更古老。

他掌管萬物的數量、大小和差異，也掌管它們後代的延續性。

萬物是可以被創造、是可以被看見的，但是，它們的創造者，卻是肉眼不可見的。

他用這樣的條件去創造萬物——萬物的肉眼看不見他。

因此，雖然他一直在創造，他卻從來沒被他所創造的東西看見過。

為了了解他，就要認識他，然後得到領悟；認識到他的神奇之後，便會感到驚異。

要知道自己是受他庇佑的，就像一個人必須知道自己的祖先一樣。

4

誰會比自己的祖先更美好？

那就是上天。

但是我們要怎麼知曉他呢？

我們以上天、創造者或天父的頭銜來尊奉他——

奉他為上天，是因為他的力量；奉他為創造者，是因為他的能量；奉他為天父，是因為他的善。

力量不同於創造物，而能量被包含在所有的創造物之中。

因此，我們應該拋開那些多餘和愚昧的言論，去了解這兩者——受造物和創造者。

這兩者之間沒有折中。

它們之外，也沒有第三者。

5

所以，在你所想得到的、在你周遭的萬物當中，思考一下這兩者；所有的東西不外乎受造物與創造者。

這一點毫無疑問——無論它們是優越的、低等的、神聖的，或是遭逢改變或晦暗中的事物。

萬物皆屬於這兩者——創造者與受造物。

任何一者皆不可能缺乏另一者而存在，「創造者」不可能沒有「受造物」而能得此稱謂，這兩者是一體的。

因此，這兩者不可能彼此分離，就像自己不能和自己分離一樣。

6

造物者就是單純的創造者，它是獨一、純粹、不摻雜的。

造物者必須為自己持續這樣（創造）下去——造物者創造萬物，也就是在「創造它自己」。

至於被創造出來的萬物——它們不能夠（就這樣）被自己創造出來，而必須由另一者來創造。

沒有創造者，受造物就不會被創造出來，也就不會存在。

假如這兩者缺乏其中之一，就等於被剝奪了另一者而失去其應有的本質。

假如萬物都具有這兩種本質——「受造物」及「創造者」——那麼萬物都是兩者（領導者與跟隨者）一體的。

「創造者」不可能沒有「受造物」而能得此稱謂，因此這兩者不可能彼此分離。

具創造性的上天是領導者，至於被創造出來的受造物，不管它是什麼，都是跟隨者。

受造物中沒有邪惡

7

你不要因為受造物的種類繁多而感到憂心，害怕將低級和不光彩的東西歸因於上天。

上天是光榮的造物者——他創造萬物，萬物可說是他的身體，他的身體便是萬物的組成。

藉由造物者的身體所創造出來的東西，不會邪惡或卑劣。

受造物在被創造的過程當中伴隨著苦痛，就像黃銅上的銅鏽和身體上的汙垢那樣。

但是，就像黃銅匠不會製造銅鏽和身體不會製造汙垢一樣，上天也不會︹製造︺邪惡。

漫長的創造過程使受造物迷失，彷彿它們原本就是這樣似的；因此上天做了些變化，就如同在淨化創造過程一般。

8

一個人，或一個畫家，有可能畫出天堂、諸神、大地、海洋、人、動物、沒有生命的東西和樹。那麼，難道上天就不可能創造出萬物嗎？

這是多麼的無知，多麼缺乏對上天的知識！許多人對上天確實是陌生的——儘管他們說他們虔誠地崇敬上天，用讚美詩歌頌上天。但是，憑著他們不把萬物的創造歸因於上天、如此不了解上天，他們的罪過甚至比不虔誠——認為上天是熱衷於創造、或自負、或無能的——還要來得更加嚴重。

如果他不創造萬物，是因為自負，而不是因為無能——這︹種想法︺是很不敬的。

9

上天只熱衷於一件事——善；而他本身就是善，既不自負，也不無能。
這樣的上天——善，具有創造萬物的一切力量。
所有被創造出來的東西，都出自於上天之手——也就是說，是由（身為）善和造物者（的他）所創造的。
如果你想知道他是怎麼創造萬物、以及萬物是如何被創造出來的，你可以向他學習。

10

瞧那既真實又貼切的景象——
一個農夫在田裡撒下種籽，在這裡種小麥，在那裡種大麥，在別處又撒下其他種籽！
瞧——

所有被創造出來的東西，都是由身為善和造物者的上天所創造的。

一個人就能栽種葡萄、蘋果以及〔所有〕其他的果樹！

同樣的道理，上天也在天堂撒下不朽的種籽，在人間撒下易變的種籽，他在整個宇宙間散播生命和動力的種籽。

種籽的種類雖然不多，屈指可數，但是這四種種籽已經包含了一切——上天和宇宙的起源，萬物皆在他們之中。

15

亞希彼斯對阿蒙王的釋義

萬物合而為一就是造物者

亞希彼斯對阿蒙王的完美佈道

1

噢，國王，我要為你講道——

今天的佈道可說是這個學說的總結與摘要。

這個佈道的內容並不迎合許多人的偏見，因為它的內容與他們的觀點大多相互駁斥。

甚至有時候連你也會覺得，我的佈道是矛盾的。

我的老師赫米斯，在與我的許多談話當中——有時只有我倆，有時塔特也在場——提到我書本上出現的一些人物，他們的作品看似簡單明瞭，但實際上卻正好相反。

因為文章含糊不清，用詞曖昧不明，隱晦其義。

以後的希臘人想要把我們的語言轉換成他們自己的語言，這種情況會變得更嚴重——因為這將嚴重扭曲以文字傳世的學說。

用我們自己的語言佈道，〔無論如何〕文意會更清楚。

2

因為埃及文的發音具有紮實的力量，能夠充分展現出它們所代表的意義。

所以，噢，國王，請你盡可能（而且盡一切可能）不要讓今天所講的道以譯本傳世，以免讓這麼偉大的祕密傳入希臘世界，並且被希臘文的鬆散結構和虛有其表的詞藻玷汙，也就是說，使它變得枯燥無味——失去了語言的力量。

噢，國王，希臘人的創新語言〔只不過〕具備了辯論的力量，那便是希臘人空談哲理的方式——使語言成為噪音。

但我們用的不是語言，我們用的是充滿行為力量的聲音。

3

我就以向上天祈禱來展開佈道。他是宇宙的主宰和創造者，〔萬物的〕起源和涵蓋者；他既是萬物，也是唯一的造物者，他既是唯一的造物者，也是萬物。

因為萬物合而為一就是一個完整的造物者，所以萬物也涵蓋在造物者之中；世界上並沒有第二個造物者，只有唯一一個造物者。

這就是貫穿這整篇佈道的學說，也是我要給你的觀念——關於宇宙的起源！

若有人能把萬物和造物者分開，或者讓一個東西跟它自己分開——那麼他的「萬物」的稱號就是來自眾多（的概念），而非整體性——但這是不可能的，因為如果有人能夠把萬物和造物者分開，那麼萬物就會被摧毀。萬物合而為一就是造物者，這是永恆不變的法則——如此一來，宇宙的完整性才不會被摧毀。

萬物合而為一就是造物者，這是永恆不變的法則。

4

你瞧，在大地的深處有許多水源和火源。就在同一個空間裡，有三種肉眼可見的元素——火、水和土，都來自於同一個源頭。

我們相信，大地就是每一種物質的寶庫。它貢獻出自己的富饒，並且在那個（它做出貢獻的）地方，接受來自上天的生命能量。

所以，造物主——我指的是太陽——能夠永恆地維持天堂與人間的秩序，送來宇宙的精華，帶走物質。

他吸收一切物質，也把他自己的一切賜予萬物。他不僅將自己美好的能量傳播到天堂與空中，也傳送到大地上，直達地心深處與深淵。

5

〔內容遺失。〕

6

假如有一種精髓是智力可以理解的，那就是上天的本質——也就是他所散發出來的光輝。但是，這種本質從哪裡產生或湧出，只有他知道。或者，更確切地說，我們所理解的上天只是很接近他的本質……雖然我們的肉眼看不見他……但是可以透過推測來理解〔他〕。

7

然而，他那恢宏的氣象並不是能夠推測得出來的，他的光芒璀璨，在整個宇宙間閃耀，照亮了天堂與大地。

他位於宇宙的正中央，被宇宙環繞著。就像一位優良的駕駛，安全地駕馭著宇宙團隊，引導萬物奔向他，使萬物不偏離正軌。

他用來駕馭的韁繩就是生命、魂魄、心靈、死亡和宇宙起源。

他讓宇宙團隊保持在他的軌道上——更準確地說，是與他並駕其驅。

8

他用這樣的方法管理萬物。他將永恆賜給了不朽的神祇，在天堂裡，他用自己的光明——用向著天堂的那一面照耀天堂——滋養宇宙中不朽的生靈。他用另一面〔將光明〕向下傳送，照耀下界的水、土和空氣。他賦予動物生命，讓宇宙下界因生靈有出生、死亡等變化，而充滿活力。

9

他以重生螺旋來改造萬物的魂魄，把它們轉變成另一個生命，而且種類要對應，才能在萬物相互轉變成另一個生命時仍能保持平衡——就像他在處理天體的時候那樣。

每一個人的永恆，就蘊藏在這種轉變之間。

不朽的生靈不會死亡，但是凡人的肉體必定伴隨著死亡。

這就是不朽之身不同於肉體、肉體不同於不朽之身的地方。

10

當上天的光芒持續照耀的時候，他將生命賜予萬物的力量也不斷地延續著，永遠沒有終止的時候。

他的身旁圍繞著各式各樣的許多神靈，他們雖然生活在人間，但是幾乎無異於不朽的神祇，他們在諸神的天國之域裡也有一席之地。他們監視著人間，奉諸神之命行事——透過暴風雨、旋風和颶風，並且用火和地震造成劇變，再加上飢荒和戰爭，以回報〔人類的〕不虔敬，對神明不敬便是世人最大的過錯。

11

神明的義務是賜予人類福祉，人類的義務是崇敬神明，神靈的義務是給人類對等的還報。

除了崇敬神明，人類不管做什麼——無論是基於錯誤、魯莽、需要（他們稱做命運）或無知——諸神都不會給予獎懲。世上唯一的罪過，只有不敬神明。

12

太陽是每種生靈的保護者和養育者。

就像宇宙包含著有感官知覺的生靈、讓它們以各種種類和形式充滿在大地上一樣——太陽的能量也充滿了整個宇宙，賦予萬物生命和力量。

當有生命衰退和枯竭的時候，他就讓它們再度回到他的懷抱裡。

13

在他之下有許多神靈，更準確地說，是各種神靈。他們的數量、種類繁多，排列在眾星群之下，每一種神靈都有相同數量的星群與之對應。他們依照階級排列，並且是眾星的管理者。每個神靈依其本質之善惡——即活動力（神靈的本質就是活動力）——而司掌一顆星星，但有些神靈（的本質）同時兼具善與惡。

14

所有的神靈都被授予管理大地的權力，大地上的諸多混亂騷動就是由他們造成的——為國家和民族帶來普遍的變動，為個人帶來各自不同的變動。他們把我們的魂魄注入血肉之軀，讓魂魄隨著肉體而活動。魂魄從神經蔓延到骨髓、靜脈和動脈、大腦，以及內臟。

15

我們每一個人的出生和活著，都由神靈掌管。這些位列於每顆星星之下的神靈，從創世之初就在負責這樣的事務。

人類的生命隨時都在發生變化，不會永遠一樣，而是週而復始地循環著。

神靈從天而降，貫穿到人類軀體裡的魂魄兩個不理性的部分，即激情與欲望，並且讓它們各自迅速運行，使人類產生相應的行為。

但是，魂魄理性的部分超出了神靈的管理權——只接受上天的旨意。

16

受到太陽光芒照耀在其理性部分的人，是所有人類之中不會被神靈影響的少數人——因為沒有任何神靈具有反抗上天光芒的力量。至於其他人，無論魂魄或肉體都受到神靈的擺佈和驅使，做出令人喜愛與憎惡的各種行為。

行為的原因是低層次的愛，而非啟發赫米斯的上天之愛。

所以，神靈以我們的軀體為〔他們的〕工具，操縱凡世間的一切事務。而這種事務，赫米斯稱之為命運。

17

這個可以智力理解的宇宙，靠著上天的意志而運行，而有感官知覺的動物又靠著這個可以智力理解的宇宙而生活。太陽把來自於上天的善，大量地散播在能夠以智力理解和以感官察覺的宇宙當中。這就是造物主管理宇宙的方式。

八大星球——一顆恆星，六顆行星，還有一顆環繞地球運行的衛星——圍繞著太陽，也仰賴他。這些星球接受神靈的支配，而人類接受這些星星的支配。萬物以及所有的神靈和星星，都在上天的掌握之中。

18

因此，上天就是一切的源頭，太陽是〔萬物的〕造物主，宇宙是

神靈以我們的軀體為工具，操縱凡世間的事務。而這種事務，赫米斯稱之為命運。

造物主用來管理萬物的工具。上天用他的本質管理著天堂，天堂管理著諸神，位於諸神之下的神靈則管理著人類。因此，上天是諸神和眾神靈的主宰。

上天利用諸神和眾神靈為他管理萬物。他們都是上天的一部分，而且，假如他們是上天的一部分，那麼，上天就是萬物。所以，上天創造萬物，就是在創造他自己，他永遠不會停止創造，因為他永遠不會停止存在。正如同上天沒有結束的時候也沒有開始的時候，因此，他的創造也沒有結束與開始。

亞希彼斯對阿蒙王的釋義

亞希彼斯：噢，國王，如果你認真思考的話，即使在物體之中，也有無形的東西。

國王問：那會是什麼？

亞希彼斯：是顯現在鏡子裡的東西。它們看起來不像是沒有形體吧？

國王回答：是的，沒錯。噢，亞希彼斯，你的思維簡直跟上天一樣！

亞希彼斯：還有其他無形體的東西，譬如說，概念。在你看來，難道它們不是無形體的東西，不僅出現在有靈魂的物體中，也出現在沒有靈魂的物體中？

國王：你說得很好，亞希彼斯。

亞希彼斯：所以，無形的東西會反映在有形的東西上，而有形的東西也會反映在無形的東西上。也就是說，感性世界會反映在理性世界裡，理性世界也會反映在感性世界裡。

國王：噢，先知，時間到了。我去招呼一下客人，〔那麼〕明天再繼續我們的神聖對話。

諸王頌

1

〔現在〕以演奏出天籟般旋律的和諧音韻為例——在演奏樂曲時，假如樂器的不和諧音破壞了音律的和諧，那麼它的演奏就變得荒謬可笑。因為當樂師手中的樂器品質差到無法演奏出美妙的樂音之時，他必定會被聽眾嘲笑，所以，儘管上天全心全意、從不間斷地將他的藝術贈予給人類，聽眾還是會責怪學藝不精的樂師。

上天是自然的音樂之神，他不僅創造和諧的天籟之音，也將自己樂曲旋律中的美妙音韻傳送到人間的每一個樂器上——因為上天從不怠惰。

心中有上天，人便不會變得怠惰。

2

因此，假如有音樂家想要挑戰他所能參與的最高競賽——在比賽中小號手依譜演奏出〔作曲家的〕曲子，長笛家也用他們的樂器吹出悅耳的音符，參賽者以絲竹演奏出整首樂曲——〔假如不發生失誤〕沒有裁判會責怪演奏者的表現。

不但如此〔絕對不會〕，對他而言，給予尊重是他的本分。

問題應當要歸咎於樂器的缺失，因為樂器的缺失對於一個優秀的演奏者來說是一大阻礙，那不僅讓演奏者在演出時覺得尷尬，也剝奪了聽眾聽到美妙樂曲的機會。

3

相同的，以我們的情況而言，應該不要讓任何人把身體上與生俱來的缺陷歸咎於我們的種族，那是大不敬的。不僅如此，如果有這樣的人，我們要讓他知道，上天是永不懈怠的神靈——永遠同樣的狂熱於他自己的學問、不停地給予人間歡樂的禮物、在各處散播同樣的益處。

4

假如菲迪亞斯（古希臘時期的雕刻家及建築家，被公認為最偉大的古典雕刻家）不該為他作品中的缺陷負責——儘管以藝術家的立場而言，他已經做了他所能做的一切，那麼我們也不要歸咎於他。

我們應該歸咎於琴弦的缺失，因為它不是太鬆就是太緊，因而破壞了和諧的音律。

5

所以，當演奏時若不幸發生了樂器故障等倒霉事，沒有任何人可以因此而責怪樂師。不僅如此，當樂器的狀況愈糟，而樂師的巧手仍能演奏出準確的音符時，他所獲得的讚譽就愈高，聽眾也將更加喜愛那個演奏者，而毫無責怪之心。

我們也是一樣，諸君，要把我們心中的琴跟樂師重新調和！

6

我曾經見過一位民俗藝術家——儘管他不懂如何演奏豎琴，經過適當的訓練之後，常常以他自己為樂器，神奇地發出弦樂之聲，這種出神入化的功夫，令聽眾大為驚奇。

當然，你們知道豎琴師的故事，他得到統管音樂的上天的眷顧。〈有一天〉當他在一場競賽中演奏的時候，琴弦突然繃斷，這場意外中斷了他的比賽。

但是上天提供他一另條琴弦，讓他感受到上天的慷慨：一隻蚱蜢跳到他的豎琴上，透過上天的預知力，代替斷掉的弦演奏出悠揚的旋律。

豎琴師的憂慮由於琴弦得到修補而解除，他也贏得了勝利者的美名。

7

而我覺得這就是我自己的情況，可敬的諸君！

我剛才看起來就像是在坦誠自己想要得到一些力量，而一時間顯露出軟弱的一面。

但是現在，憑著至高無上的上天的美德，我對國王的歌頌彷彿得到〈上天的〉優化，〈似乎〉喚醒了我的靈感。

因為，你們都曉得我們︹這項︺任務的目的就是諸王的輝煌名聲，我們用心的演講（傳道）也圍繞著他們凱旋歸來的事蹟。

來吧，讓我們加緊腳步！

想要歌唱的人，會為此校準他的琴音。不僅如此，如果他演奏得愈好，他就演唱得愈動聽，因為他的歌頌有一個了不起的主題。

8

歌唱者特別為諸王調整他的琴弦，彈奏出讚美歌的音調。而且因為他的目的是唱出莊嚴的頌歌，所以他的地位會一直提升到和最高層級的王（全宇宙的神）一樣。

一開始的時候，他的歌聲劃破天際而來，然後傳到凡間具有上天樣貌、手握王權的人類耳中。

諸王心喜頌歌︹要旨︺，他們會一步步地實現從天而降的頌歌內容。只要他們的勝利︹的禮物︺所到之處，希望無不接繼而來。

9

就讓歌唱者從全宇宙的王者——上天——開始讚頌。

他擁有不死之身，他不僅不朽，也具有不朽的〔一切〕力量，他就是第一位光榮的勝利者。

從他開始，所有的成功接連降臨在相繼成功者的身上。

10

我們的佈道（道）迅速地傳送到〔對王者的〕讚詞中，也傳達給幸福與安平之主——諸王，在最古早的時候，至高無上的上天已將他們的領導地位置於最高的巔峰。

早在他們在戰爭中表現出英勇無畏之前，給他們的獎賞就已經準備好了；早在與敵人的衝突發生之前，勝利紀念碑也為他們豎立起來了。

諸王被命定的不只是王者的身分，而且是最優秀的人。

11

但是，就在我們的論述（道）結束前，主題又迅速地繞回起點——融和了上天的祝福，將關於賜予我們〔偉大的〕和平的神聖諸王的講述（道）做個結論。

既然我們的論述始於〔讚頌〕上天和上天力量，那麼也讓我們終於同樣的重點——上天。

發光的太陽給予萬物滋養，在他初次升起的時候，用他最強而有力的手將萬物的第一批果實收集起來，他的光芒就像是為了摘取果實似的——

確實如此，〔因為〕他的光芒就是〔真實的〕手，摘下了植物第一批最美味〔的精華〕。

所以，我們也應該把上天智慧的源流，當做在天堂的花園裡滋養我們魂魄的泉源。

上天把他要賜給我們的力量全都灌注在這些福氣之中，我們應該〔引導和〕訓練這些福氣〔的源流〕回歸到它們的源頭。

12

上天是我們魂魄的天父，應該由成千上萬的眾人之聲將上天的祝福送回到全然純淨的上天那兒，儘管我們無法適當地表達出來——因為我們（遠遠）無法勝任這項任務（但是我們會盡我們所能地去說）。

剛出生的嬰兒無法唱出他們對天父的榮耀應有的讚頌，但是他們會依據他們的力量給予適當的感謝，並且因為力量薄弱而獲得諒解。

不僅如此，含有上天榮耀的，就是這個賜福之力的源頭——他比自己的孩子更偉大。

這個力量的源頭從祝福發生之前、開始、期間和結束時一直都存在著，沒有開始和結束的時候，印證了天父無所不能，永遠沒有極限。

13

就國王而言也是如此。

因為我們彷彿是國王的孩子，覺得自己有稱頌他的天職。

但是，我們仍需為自己︹的不足︺祈求原諒，即使在我們開口前陛下就已經允諾了。

而且陛下不因為新生嬰兒是如此的弱小而感到厭惡，反而會在他們開始懂得︹他的關愛︺的時候感到開心，一如當人們獲得靈知時上天也同樣會滿心歡喜。這種知識將生命分配給萬物，並且給予我們把上天賜予我們的祝福再歸還給他的力量。

14

因為上天即是善，他的好是永恆的，他是不朽的，他與生俱來的特質不但永遠沒有終結的時候，而且會從他的能量裡源源不絕地湧出。他將訊息傳送到凡間︹來催促我們︺吟誦能夠讓我們回歸源頭的讚美詩。

上天對待任何人沒有不同，上天不偏袒任何人。

萬物在上天的思想中就是一體，獨一無二的上天便是無所不知的智慧，而且萬物一心——這個上天心智就是他們的天父。獨一無二的上天是他們身上的感覺能力——他們對彼此的欲望。是愛讓萬物得以和諧相處。

15

所以，讓我們歌頌上天吧。

不僅如此，我們還要〔先〕從由上天授以王權的諸王開始。我們應該先從人間的諸王開始練習，讓自己熟練於讚美歌，在我們向更高階的上天奉獻之前，先做一番訓練。〔我們應該〕把剛開始的讚頌練習獻給國王，透過他來練習〔我們的頌歌〕，如此一來，我們既可以在心中表達對上天的虔敬，也可以向諸王獻出我們的讚美。

16

我們應該對諸王有所回報，因為他們為我們帶來和平盛世。

是國王的美德，不，光是他的名字，便能造就和平。

他擁有國王的稱號，因為他用他高明的手腕消弭了激烈的爭端，理性（道）帶來和平，他便是理性（道）的君主。

實際上，儘管這個王國並非他的祖國，但因為他是這個王國的保護者，所以他的名字就〔變〕成了和平的象徵。

因為，你知道，國王的名號確實往往能夠立即嚇退敵人。

不僅如此，連國王的雕像都是在風雨飄搖中討生活的人的平靜庇護所。

在戰爭中，國王光是以他的化身出現都能夠贏得勝利，並且確保所有的子民免於傷害和恐懼。

延伸閱讀

延伸閱讀1

心靈重生・赫米斯的祕傳智慧

赫米斯學說的文本，殘存下來的主要是《與上天心智合一・赫米斯密封之術》、《完美的佈道》等等，由於這些文本隱晦又充滿象徵，有時候難免會讓讀者感到費解，加上文本是以師生對話方式呈現（這個特色和許多希臘文本相同），在不同的段落中，可能有不同的說話者，有可能形成混淆，因此，出版社與編者建議可以搭配閱讀由現代神祕學、哲思作家提摩西・弗瑞克（Timothy Freke）和彼得・甘地（Peter Gandy）所著的《心靈重生・赫米斯的祕傳智慧》（The Hermetica，繁體中文版由柿子文化出版）。

《心靈重生・赫米斯的祕傳智慧》節錄了《與上天心智合一・赫米斯密封之術》等赫米斯殘存文本的精華，擷取其中的基礎智慧和詩篇，並且較為單純地只

選用了三倍偉大的赫米斯給聽講者的佈道，此外，每一章都有立下明確的主題，將能使讀者更容易地理解赫米斯學說的精髓。當中較為特別的是，兩位作者為了避免影響讀者對上天、上帝、天父的聯想，在節選的文本中，以「亞圖姆」（Atum）這個古埃及至高無上的「創世神」之名取而代之；亞圖姆同時也是埃及「九柱神」之首。

赫米斯學說數千年來深深影響了東西方的文明、文化、思想和信仰，是協助人類心靈覺醒的珍貴訊息，更是經歷無數守護者承受可怕的打壓、犧牲珍貴的生命，才得以承傳到我們眼前的生命奧義。

曾經，人類小看了自己，但接觸到赫米斯智慧的人們理解到人類是上天心智所創造，人生的目的在於喚醒內在的神性、進可能觸及上天心智，這促使人類在科學、藝術、哲學……等等各領域有了奇蹟般的成就和發展（他們透過思考宇宙知曉上天），促使文明的不斷演進——他們都從赫米斯哲學那邊知道了自己有無限的可能！如果你對「我是誰」、宇宙法則、生命輪迴、意識覺醒曾有過困惑、好奇，又或者你對赫米斯哲學有興趣卻不知從何下手，《心靈重生．赫米斯的祕傳智慧》是認識赫米斯哲學的最佳入門書！

延伸閱讀2

祕典卡巴萊恩

為了躲避中世紀神學家的迫害，赫米斯學說的真理常被保存在鍊金術和占星學的各種術語和象徵的背後，只有擁有智慧之鑰的人才能讀懂。

因為這樣，三倍偉大的赫米斯所佈道的智慧，除了《與上天心智合一．赫米斯密封之術》、《完美的佈道》和《翠玉錄》等之外，只曾有過關於某些基礎法則的刊物（刊名叫「卡巴萊恩」），再由導師講解傳授給學習者。

透過這樣口傳心授的方式，赫米斯哲學祕密地傳授給後來的有緣者，直到一九〇八年，才有三位未留名的「隱士」（啟蒙者），列出當中的精要——宇宙運行的七大法則——並加以解釋說明，寫成了《祕典卡巴萊恩》（The Kybalion，繁體中文版由柿子文化出版），成為二十世紀以來最受歡迎、影響最廣的奧祕學經典，而這本《祕典卡巴萊恩》也成了赫米斯哲學的學習者們所必讀的三大文本——《與上天心智合一．赫米斯密封之術》、《祕典卡巴萊恩》、《翠玉錄》——之一。

從本書中，讀者將會知道如何在日常生活中「更有意識」的生活——只要我們活在這個世界上，都要服從這七大法則，但如果能真正了解它們的真義，就有機會應用這些法則讓心智揚升、增長靈性階層，而不是只成為法則的奴僕。

✡**唯心法則：**萬物唯心造，宇宙是心靈的、精神性的，因此，宇宙及其所包含的一切，都受到心智的主宰；我們雖由造物者心智所造，受其掌控，卻也有造物者的特性。

✡**一致法則：**其下如其上，其上如其下，所有生物和生命各種層級的定律和現象之間，都存在著一致性。

✡**能量振動法則：**沒有什麼是靜止的，一切都在運行，一切都在振動，各種物質、能量、情緒、思想、意志、欲望或任何心智狀況，都伴隨著能量振動而有各種差異，甚至可影響他人或他物。

✡**兩極法則：**所有事物都具兩極性或有相互對立的兩面，對立的事物在本質上是一樣的，只是程度上有所不同，心智狀態上的改變也一樣是極性上程度的變化。

✡**律動循環法則：**所有事物都有鐘擺式般具節奏的律動，向左和向右的擺幅一致，兩邊的律動相互抵銷、補償以達平衡，因此縱情享樂者易遭遇極大的痛苦，性情不易大喜者不容易大悲。

✡ **因果法則：**有因就有果，有果就有因，這世上沒有所謂的「偶然」，偶然只是因為有「已存在但未被識出或察覺的原因」。

✡ **陰陽法則：**凡事都有其陰陽法則，每一個陽性都具有陰性元素，每一個陰性都具有陽性法則，心智也有這樣的二元性，並因其振動能量的原故，而影響他人或受他人影響。

從赫米斯哲學中所濃縮出的這七大宇宙法則，其精髓涵蓋了靈性成長所需的一切，它們彼此相輔相成、共同作用。只要能真正搞懂這七大原理，我們的生命將有機會得到大大地改造。

New Life

28

New Life

28